100 Jahre Deutsche Bank in Istanbul

Historische Gesellschaft
der Deutschen Bank e.V.

100 Jahre
Deutsche Bank
in Istanbul

Inhalt

Vorwort

Vor 100 Jahren, im August 1909, eröffnete die Deutsche Bank eine Filiale in Istanbul. Die Niederlassung in der Hauptstadt des Osmanischen Reichs war eine der ersten Filialen außerhalb Deutschlands. London hatte schon 1873 den Anfang gemacht. An anderen wichtigen Auslandsplätzen, wie in Südamerika und Asien, war sie nicht unter eigenem Namen, sondern durch Konsortialbanken vertreten.

Eine Niederlassung am Bosporus bot sich an, war die Bank doch seit 1888 stark im Osmanischen Reich engagiert. Mit dem damaligen Erwerb der Konzession für die Anatolische Eisenbahn, der anderthalb Jahrzehnte später die Konzession für die Bagdadbahn folgte, nahm die bedeutendste und berühmteste Auslandsinvestition der Deutschen Bank vor dem Ersten Weltkrieg ihren Anfang. Bis heute ist der Mythos dieser Bahnlinie, die Istanbul mit Bagdad und dem Persischen Golf verbinden sollte, lebendig. Zwei Jahrzehnte vertraten die beiden Eisenbahngesellschaften die Interessen der Deutschen Bank in der Region, bis sich die Leitung der Bank entschloss, eine eigene Filiale in Istanbul zu eröffnen. Den Ausschlag dazu gaben sowohl die Reformen, die von den sogenannten Jungtürken eingeleitet worden waren, als auch die zunehmende Präsenz von Konkurrenzinstituten am Bosporus.

Die Filiale hatte sich gerade etabliert, als ihr mit Beginn des Ersten Weltkrieges die Aufgabe zufiel, als Mittler zwischen Deutschland und der verbündeten Türkei zu dienen. Große Teile der deutschen Finanzhilfe wurden über die Niederlassung der Deutschen Bank geleitet. 250 Angestellte soll sie zu dieser Zeit beschäftigt haben. Mit dem Kriegsende und der Besetzung Istanbuls durch alliierte Truppen kam die Deutsche Bank unter die Kontrolle der Siegermächte. Fünf lange Jahre ruhte das Geschäft; als es Ende 1923 wieder aufgenommen werden konnte, war aus dem Osmanischen Reich die moderne Türkei geworden.

Auch in der Zwischenkriegszeit und den Jahren des Zweiten Weltkriegs besaß die Filiale Istanbul den exklusiven Status, eine der wenigen direkten Auslandsvertretungen der Deutschen Bank zu sein. Entsprechende Aufmerksamkeit widmete ihr die Berliner Zentrale, selbst wenn das Geschäft, eingeschränkt durch zahlreiche wirtschaftspolitische Reglementierungen, bescheiden blieb. 1944, nach dem Abbruch der deutsch-türkischen Beziehungen, musste die Filiale geschlossen werden. Es folgte eine langwierige und mühsame Liquidation, die erst 1972 abgeschlossen werden konnte. Zu einem Wiederaufleben der Filiale konnte sich die Leitung der Bank im Nachkriegsdeutschland nicht entschließen. So blieb es der 1954 eröffneten Repräsentanz vorbehalten, über mehr als vier Jahrzehnte die Interessen der Deutschen Bank in der Türkei wahrzunehmen.

Mit der 1999 abgeschlossenen Akquisition der amerikanischen Investmentbank Bankers Trust konnte die Deutsche Bank ihre Geschäftsbasis auch in der Türkei erheblich erweitern. Die in Istanbul ansässige Bankers Trust A.Ş. war aus der 1987 gegründeten Türk Merchant Bank A.Ş. hervorgegangen. Im Jahr 2000 wurde diese neue Tochtergesellschaft in Deutsche Bank A.Ş. umbenannt.

Heute bietet die Deutsche Bank A.Ş. zahlreiche Produkte für Firmenkunden an und steht internationalen Investoren als Anbieter von Dienstleistungen im Bereich der Wertpapierverwaltung zur Verfügung. Darüber hinaus ist sie einer der führenden Makler für Staatsanleihen und nimmt eine Spitzenposition im Handel mit der türkischen Lira und mit türkischen Staatsanleihen ein.

Diese Publikation der Historischen Gesellschaft ist der langen Geschichte der Deutschen Bank in der Türkei gewidmet. Geschildert wird eine Entwicklung, die kaum farbiger und facettenreicher sein könnte. Es wird deutlich, wie früh das Geschäft der Bank bereits international geprägt war und wie sie – trotz Rückschlägen – an ihre Geschäftsverbindungen anknüpfte und diese weiterentwickelte. Auf der Basis dieser Tradition wird die Deutsche Bank ihren Beitrag für die Zukunft des Landes leisten, in dem sie seit mehr als 100 Jahren engagiert ist.

Frankfurt am Main, im August 2009

Clemens Börsig

Erster Vorsitzender der
Historischen Gesellschaft
der Deutschen Bank e.V.

Jürgen Fitschen

Chairman of the
Board of Directors,
Deutsche Bank A.Ş.

1. Von der Gründung bis zum Ersten Weltkrieg

Am 16. August 1909 nahm die Deutsche Bank mit einer Filiale in Konstantinopel, wie Istanbul zu dieser Zeit meist genannt wurde, den Geschäftsbetrieb auf.
Nach der Niederlassung in London, wo die Deutsche Bank bereits 1873 eine Vertretung eröffnet hatte, und abgesehen von einem kurzen Intermezzo in Ostasien, war Konstantinopel erst die zweite Filiale der Bank außerhalb Deutschlands. Die 1870 in Berlin als Institut zur Außenhandelsfinanzierung gegründete Deutsche Bank hatte es lange vorgezogen, an vielen Plätzen in der Welt durch Beteiligungen an anderen Banken und durch angesehene Persönlichkeiten vertreten zu sein. London bildete für mehr als drei Jahrzehnte insofern eine Ausnahme, als eine direkte Vertretung am damals weltweit führenden Finanzplatz unumgänglich erschien, um das überseeische Geschäft zu betreiben.

Zum Zeitpunkt der Eröffnung der Niederlassung in der Hauptstadt des Osmanischen Reiches war das Land der Deutschen Bank keineswegs unbekannt. Sie verfügte dort sogar über mehr Erfahrungen als in vielen anderen Regionen der Welt, engagierte sie sich doch seit mehr als 20 Jahren ununterbrochen im Osmanischen Reich. Der Eisenbahnbau, der im folgenden Kapitel noch ausführlich betrachtet werden wird, bildete dabei den Schwerpunkt. Doch gerade die Kenntnis der politischen, wirtschaftlichen und gesellschaftlichen Verhältnisse am Bosporus hatte die Leitung der Bank lange bewogen, von einer direkten Vertretung abzusehen.

Umseitiges Bild: Konstantinopel um 1900. Blick von Galata auf das Goldene Horn und den historischen Stadtkern.

Arthur Gwinner, der im Vorstand die Geschäfte im Osmanischen Reich verantwortete, legte Ende 1905 die Gründe dar, weshalb die Deutsche Bank bisher auf eine Niederlassung in Konstantinopel verzichtet hatte. An Carl Testa, Mitglied einer angesehenen Familie von Dragomanen – wie die landeskundigen Dolmetscher genannt wurden – und Vertreter der deutschen Interessen bei der Osmanischen Schuldenverwaltung, schrieb er: »Die Deutsche Bank hätte ja schon längst irgend eine Banketablierung in der Türkei betrieben, wenn wir nicht befürchten müßten, die Interessen unserer Bahnen dadurch zu schädigen, daß wir eine Kasse öffnen, die natürlich von vielen türkischen Würdenträgern sofort angepumpt werden dürfte; und da man dergleichen Zumutungen nur in den seltensten Fällen vom kaufmännischen Gesichtspunkte aus berechtigt finden dürfte, so mußten wir eben auf eine Bankgründung verzichten.«
Aus Gwinners Worten war das allgemeine Urteil vom »Kranken Mann am Bosporus«, von Miss- und Vetternwirtschaft, Korruption und Intrigen herauszuhören – Verhältnisse, die kaum geschäftsfördernd erschienen und denen sich die Deutsche Bank nicht aussetzen wollte.

Arthur Gwinner, Vorstandsmitglied der Deutschen Bank von 1894 bis 1919, seit 1910 Vorstandssprecher.

Nur drei Jahre später änderte die Deutsche Bank ihre Meinung jedoch grundlegend. Ende Dezember 1908 beschloss ihr Aufsichtsrat, eine Filiale

Zentrale der Deutsche Bank in Berlin um 1910.

in Konstantinopel zu eröffnen. Der Redaktion des »Osmanischen Lloyd«, einer in Konstantinopel in deutscher und französischer Sprache erscheinenden Tageszeitung, die gerade mit finanzieller Unterstützung der Bank gegründet worden war, wurde dieser Schritt folgendermaßen erklärt:
»Bisher sind die Interessen der Deutschen Bank von der Direktion der Anatolischen Eisenbahn-Gesellschaft gewissermaßen im Nebenberuf vertreten worden. Wenn jetzt die Deutsche Bank sich entschlossen hat, eine eigene Filiale zu errichten, so steht dies im Zusammenhang mit der politischen Umwälzung, die sich in der Türkei vollzogen hat und die für die wirtschaftlichen und finanziellen Verhältnisse des Landes zweifellos von großer Bedeutung sein wird. Das durch die Einführung der Verfassung begründete neue Regime hat den Druck der Unfreiheit beseitigt, der bisher auf der kommerziellen Entwicklung lastete. Der Schritt der Deutschen Bank ist ein Zeichen für die Hoffnungen und Sympathien welche die deutsche Geschäftswelt für das neue Regime hegt.«
Neben den politischen Hoffnungen, die man auf die neuen Machthaber setzte, die aus der wenige Monate zuvor erfolgten Jungtürkischen Revolution hervorgegangen waren, spielte auch der Konkurrenzfaktor bei der Eröffnung der Niederlas-

sung in Konstantinopel eine wichtige Rolle. 1906 war nämlich die Deutsche Orientbank, die dem Dresdner Bank-Konzern zuzurechnen war, mit Hauptsitz in Berlin gegründet worden. Filialen wurden gleich nach der Gründung in Hamburg und Konstantinopel eröffnet. Nach einer raschen Expansion verfügte die Bank bei Beginn des Ersten Weltkrieges über 16 ausländische Filialen im Osmanischen Reich und Nordafrika. 1914 kamen noch die Filialen der Deutschen Palästina-Bank hinzu. Schwerpunkte der Geschäftstätigkeit waren das Osmanische Reich und das unter englischer Herrschaft stehende Ägypten. Dass die Deutsche Bank diese Konkurrenz durch die Deutsche Orientbank als Bedrohung der eigenen Interessen ansah, daran ließ Vorstandsmitglied Gwinner keinen Zweifel: »Was die Deutsche Orientbank betrifft, so ist dieselbe natürlich als unser direkter Feind zu betrachten. Wie in der deutschen Presse oft genug gesagt worden ist, hat die Dresdner Bank seit Jahren davon gelebt, der Deutschen Bank so viel wie möglich nachzumachen, die großen Geschäfte wie die kleinen. Die Konkurrenz der Dresdner Bank war oft eine sehr wenig anständige, und wir müssen darauf gefasst sein, dass uns durch die Etablirung der Dresdner Bank in Konstantinopel dauernde Unbequemlichkeiten und erschwertes Arbeiten erwachsen wird.«

Die Frankfurter Zeitung fasste diese Konkurrenzsituation treffend zusammen: »Die Deutsche Bank, die Hauptträgerin der umfangreichen wirtschaftlichen Interessen Deutschlands im nahen Orient, war bisher in der türkischen Hauptstadt durch ein

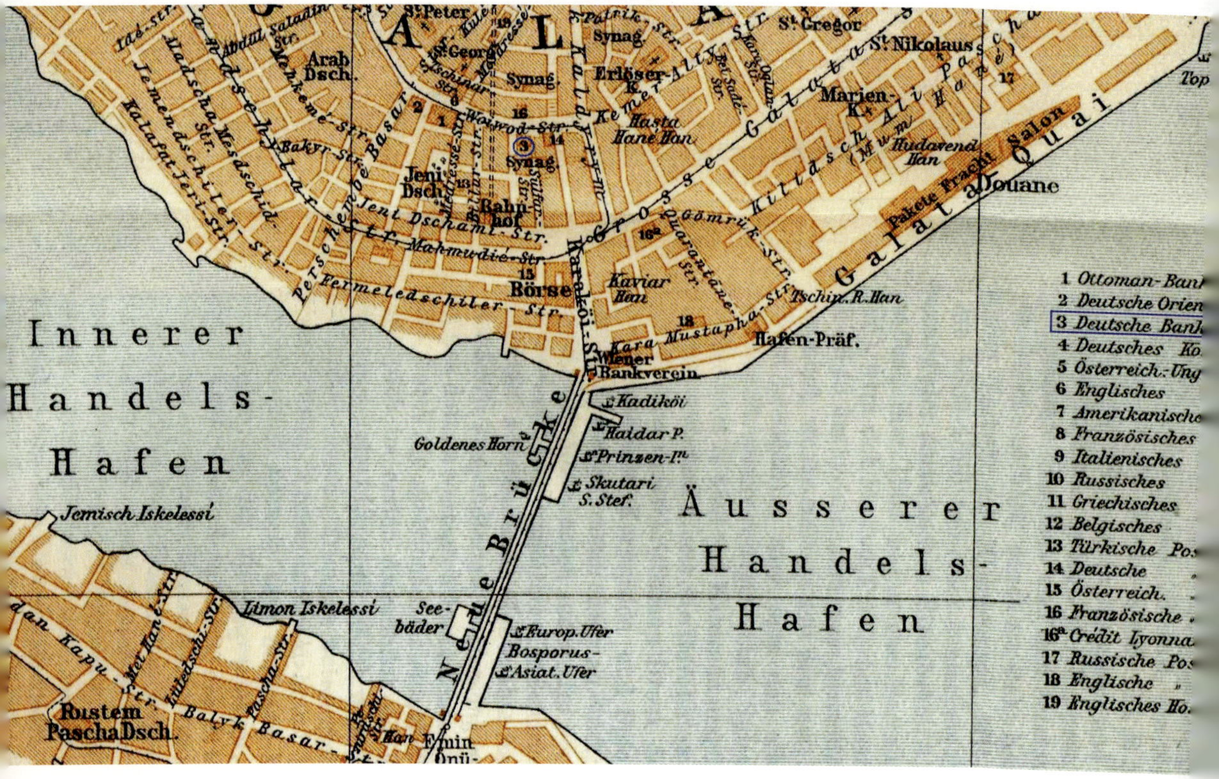

Plan von Galata aus dem Baedeker von 1914. Darin eingezeichnet sind die Banken in und um die Voyvoda Caddesi, blau markiert der Sitz der Deutschen Bank.

eigenes Bankinstitut nicht vertreten, während sich der Konzern Dresdner Bank-A. Schaaffhausenscher Bankverein in Gemeinschaft mit der Nationalbank für Deutschland im Anfang des Jahres 1906 in der Deutschen Orientbank eine derartige spezielle Interessenvertretung bereits geschaffen hat. Bisher wurden die Geschäfte der Deutschen Bank in Konstantinopel durch die Anatolische Eisenbahn-Gesellschaft wahrgenommen. Das scheint dem Institut vielleicht nicht mehr ausreichend...«
Den Geschäftsbetrieb nahm die Deutsche Bank Filiale Konstantinopel im Gebäude ihrer Unterfiliale in »Stamboul« im Basmadjian Han auf, da das vorgesehene Gebäude in Galata noch umgebaut werden musste. Die Stambouler Zweigstelle, die von Aga Piedes geleitet wurde, lag in der Rue Achir

Effendi, im Kütüphane, zwischen der Neuen Moschee und dem Orientalischen Bahnhof, in unmittelbarer Nähe des gerade fertig gestellten Hauptpostamts. Sie verfügte über große Lagerräume, die zur Unterbringung der von der Deutschen Bank bevorschussten Warenpartien dienten.

Das Hauptpostamt in der Rue Achir Effendi.

Lageplan der 1909 eröffneten Unterfiliale Stamboul im Basmadjian Han (blau umkreist).

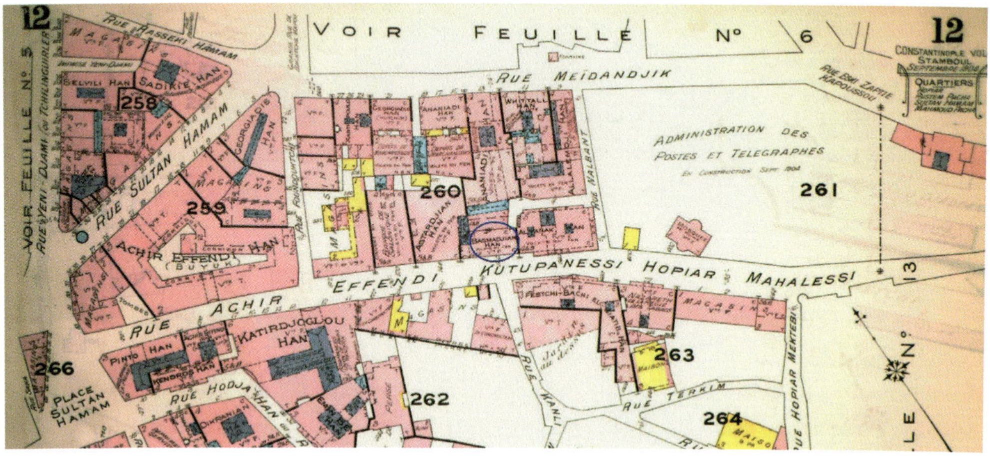

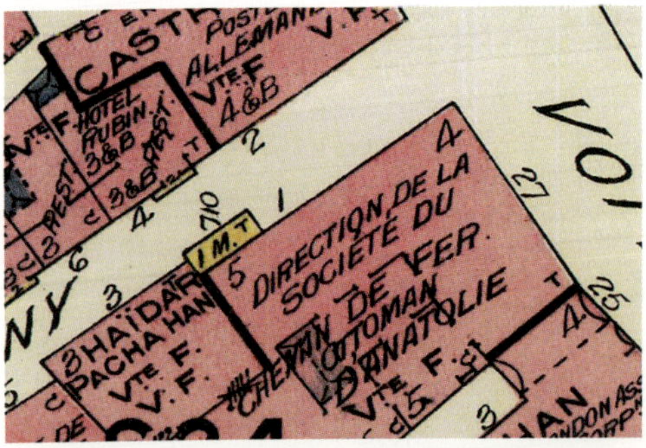

Lageplan und Fassade des Gebäudes der Anatolischen Eisenbahn-Gesellschaft in der Voyvoda Caddesi 27, das sie sich ab 1910 mit der Deutschen Bank teilte.

Am 1. April 1910 konnte auch der Hauptsitz in Galata in der Voyvoda Caddesi 27 eröffnet werden, wo man sich mit der befreundeten Anatolischen Eisenbahn-Gesellschaft ein Gebäude teilte, das um 1880 als Bankgebäude errichtet und bis 1899 vom Crédit Général Ottoman genutzt worden war. Die Verwaltung der Bahngesellschaft nutzte den 1. Stock, während im Parterre die Direktion, im 2. Stock die Buchhaltung und Korrespondenzabteilung und im 3. Stock die Archive der Filiale untergebracht waren.
Zu dieser Zeit wurde die Einwohnerzahl Konstantinopels auf rund 1,1 Millionen Menschen geschätzt. Rund die Hälfte davon waren Muslime, die andere Hälfte orthodoxe Christen und Juden. Der damalige Stadtbereich umfasste das ungefähr gleichschenkelige Dreieck zwischen dem Goldenen Horn, d.h. der sieben Kilometer eindringenden Hafenbucht, und dem Marmarameer. Vor einem Jahrhundert wurde dieser Teil der Stadt als Stamboul bezeichnet. Zur Stadt gehörten aber auch die am Ostufer des Goldenen Horns gelegenen Bezirke Galata und Pera sowie das am asiatischen Ufer des Bosporus gelegene Scutari. Galata, das mit zwei Brücken über das Goldene Horn mit Stamboul verbunden war, war seit Jahrhunderten das Zentrum der europäischen Kaufleute und Bankiers. Noch um 1900 war der internationale

Lageplan von Konstantinopel mit den Stadtbezirken Stamboul, Galata, Pera und Scutari, um 1900.

Die Deutsche Orientbank (links) und die Deutsche Post (rechts) in der Voyvoda Caddesi, um 1910.

Handel hier ansässig. In Galata befanden sich die Börse und die meisten der internationalen Banken. Letztere ballten sich vor allem in der Voyvoda Caddesi, die nicht ohne Grund auch als Rue des Banques bezeichnet wurde. In dieser Straße hatte nicht nur die Ottoman Bank ihr repräsentatives Hauptgebäude, auch die Deutsche Orientbank und die Deutsche Post waren dort angesiedelt.

Galatabrücke übers Goldene Horn mit Blick auf Galata, um 1900.

Seit 1875 führte von Galata die Tunnelseilbahn, die bis heute in Betrieb ist, in das oberhalb gelegene Pera – eine moderne Vorstadt, die erst im Laufe des 19. Jahrhunderts entstanden war. Hier befanden sich nicht nur die Botschaftsgebäude der bei der Hohen Pforte vertretenen Mächte, sondern auch europäische Geschäfte aller Art, Hotels, Kirchen, Schulen und Hospitäler.

Die deutschen Banken waren nicht die ersten europäischen Kreditinstitute, die in Konstantinopel Niederlassungen errichteten. Bereits 1875 hatte der französische Crédit Lyonnais eine Filiale am Bosporus eröffnet und der Wiener Bank-Verein, mit dem die Deutsche Bank bei vielen Geschäften im Land kooperierte, war dort seit 1906 mit einer Filiale und mit Zweigstellen in den Stadtteilen Galata, Stamboul und Scutari vertreten.

Rechts neben der Galatabrücke lag die Filiale des Wiener Bank-Vereins.

Auch das führende Kreditinstitut in der Spätphase des Osmanischen Reichs, die bereits erwähnte Ottoman Bank, war in den Händen ausländischer Investoren. Ihre herausragende Stellung war vor allem durch ihre öffentlichen Aufgaben begründet. Die Ottoman Bank war nämlich nicht nur Geschäftsbank, sie fungierte auch als staatliche Notenbank und de facto als Schatzamt, indem ihr die Aufgabe zukam, über die Ein- und Ausgaben des Staates zu wachen. Entstanden war das Institut 1863, als die britische Finanzgruppe, die bereits 1856 das Vorgängerinstitut der Ottoman Bank ins Leben gerufen hatte, sich mit französischen Investoren zusammenschloss. Der nach dem Krimkrieg auf Besserung der Staatsfinanzen bedachte Sultan Abdulaziz unterstützte die Gründung, zumal über die Standortfrage ein Kompromiss gefunden wurde: Hauptsitz der Bank war Konstantinopel, verwaltet wurde sie aber durch ein Komitee, das in Paris und London tagte. Nach und nach erweiterte die Ottoman Bank ihr Filialnetz, so dass sie bei Beginn des Ersten Weltkrieges über 80 Niederlassungen überwiegend innerhalb des Osmanischen Reichs verfügte.

Neben der Ottoman Bank wurde eine Reihe weiterer Aktienbanken gegründet, die vorwiegend Partnerschaften zwischen westlichen Finanziers und den traditionellen Bankiers von Galata waren. Die meisten dieser Aktienbanken, die vor 1917 entstanden, waren aber Totgeburten und verschwanden bald wieder von der Bildfläche.

Der 1892 bezogene Neubau der Ottoman Bank in der Voyvoda Caddesi in Galata.

Die Wertpapierbörse in Galata.

Eine weitere wichtige Institution in Galata war die Börse. Die erste Börsenversammlung, die sich als solche bezeichnen lässt, fand 1853 im Havyar Han statt. Eine offizielle Wertpapierbörse, der Dersaadet Tahvilat Borsası, wurde nach dem Vorbild europäischer Börsen 1866 gegründet. Dazu wurde der Handel in das Gebäude des Komisyon Han verlegt, das sich ebenfalls in Galata befand. In einem großen Saal im Obergeschoss des Gebäudes wurden in einem offenen Auktionsverfahren zwischen Händlern (mubayaaci), Brokern (dellal) und Mittelsmännern (simsar) Wertpapiere gehandelt. Darüber wachte ein vom Finanzminister eingesetzter Vorsitzender des Börsenkomitees.

Trotz Reformen im Finanzsektor, wie sie mit der Gründung der Ottoman Bank und der Börse zu beobachten waren, kann die Lage der öffentlichen Finanzen des Osmanischen Reichs in der zweiten Hälfte des 19. Jahrhunderts nur als miserabel bezeichnet werden. 1875 hatte sich die Situation so zugespitzt, dass die Bedienung der Auslandsschulden eingestellt werden musste. Die Liquidation ihrer Verbindlichkeiten wurde auf Beschluss des Berliner Kongresses von 1878 von einer Expertengruppe aus Vertretern der wichtigsten europäischen Gläubigerländer (mit Ausnahme Rußlands) international organisiert. Das sogenannte »Mouharrem Dekret« legte 1881 die

türkischen Staatsschulden zusammen und übertrug die Wahrnehmung ihres Zinsen- und Tilgungsdienstes dem »Conseil d'Administration de la Dette Publique Ottomane« mit Sitz in Konstantinopel. Die Schuldenverwaltung hatte die Aufgabe, alle für den Dienst der auswärtigen Schulden abgetretenen öffentlichen Einkünfte einzunehmen und auf die Gläubiger zu verteilen. Darin vertreten waren Delegierte der wichtigsten Gläubigerländer (Großbritannien, Italien, Frankreich, Österreich-Ungarn und Deutschland). Diese wurden für jeweils fünf Jahre von dem Syndikat der Foreign Bondholders in London, der Handelskammer in Rom und von den Syndikaten jener Finanzinstitute der anderen beteiligten Staaten, die an dem Zustandekommen des finanziellen Ausgleichs mit der türkischen Regierung teilgenommen hatten, ernannt. Außerdem nahm ein Vertreter der Besitzer türkischer Schuldtitel mit osmanischer Staatsbürgerschaft und einer der Direktoren der Ottoman Bank an den Beratungen der Schuldenverwaltungen teil.
Im Jahr der Filialeröffnung der Deutschen Bank in Konstantinopel war der bereits erwähnte Carl Testa deutscher Vertreter bei der Osmanischen Schuldenverwaltung. Die Bank vertiefte ihre guten Beziehungen zu ihm, indem sie ihn zu einem der Mitglieder des Orts-Ausschusses ernannte, der die neue Niederlassung unterstützen und beraten sollte. Neben Testa gehörten diesem Ausschuss der Generaldirektor der Anatolischen Eisenbahn-Gesellschaft Edouard Huguenin und sein Stellvertreter Ferdinand Kautz an.

Edouard Huguenin, ab 1890 stellvertretender Generaldirektor, von 1908 bis 1917 Generaldirektor der Anatolischen Eisenbahn-Gesellschaft.

Kautz wurde bereits 1911 im Orts-Ausschuss durch seinen Nachfolger in der Leitung der Bahngesellschaft, Franz J. Günther, abgelöst. Im gleichen Jahr trat Karl Büntz sowohl im Beraterkreis der Deutschen Bank in Konstantinopel als auch bei der Osmanischen Schuldenverwaltung an die Stelle des verstorbenen Carl Testa.

Wie die Erfahrungen der Deutschen Bank in den zurückliegenden Jahrzehnten gezeigt hatten, war vor allem die Personalfrage für den Erfolg einer Auslandsniederlassung entscheidend. Nachdem Ferdinand Kautz es abgelehnt hatte, sich die Doppelbelastung eines Direktors der neuen Niederlassung und der Anatolischen Eisenbahn-Gesellschaft aufzubürden, wurden Otto Kaufmann zum Direktor und Arthur von Haas zum stellvertretenden Direktor der Filiale Konstantinopel bestellt.

Der bei seinem Amtsantritt in Konstantinopel 36jährige Kaufmann war bereits seit zwei Jahrzehnten im Bankwesen tätig, davon viele Jahre für die Deutsche Bank. 1888 hatte er seine Karriere als Lehrling bei der Filiale der Bergisch Märkischen Bank in seiner Heimatstadt Aachen begonnen, wo er bis 1892 blieb. Nach seiner Militärzeit zog es ihn ins Ausland. Im Herbst 1893 trat er in die Londoner Filiale der Deutschen Bank ein, wo er in verschiedenen Abteilungen tätig war, bereits nach vier Jahren Prokura erhielt und zum Korrespondenzchef befördert wurde. Anfang 1904 ging er im Auftrag der Deutschen Bank als Direktor ihrer Tochtergesellschaft, der Deutschen Ueberseeischen Bank, nach Barcelona, eröffnete die dortige Filiale und übernahm 1907 als weitere Filiale die in Madrid unter Kommanditbeteiligung der Deutschen Bank stehende Privatbank Guillermo Vogel & Co. Mit großem Geschick organisierte er bis 1909 die Niederlassungen in Barcelona und Madrid, dann folgte er dem Ruf der Deutschen Bank nach Konstantinopel, die mit Kaufmann einen Leiter gewann, der, wie es Arthur Gwinner formulierte, »bankmäßig durchaus auf der Höhe« sei, aber »nach der Türkei« komme »er als völlig Fremder«. Dies wog umso schwerer, als Gwinner die »neue Aufgabe in Konstantinopel als nicht leicht zu lösen« betrachtete.

Otto Kaufmann, Direktor der Deutschen Bank Filiale Konstantinopel von 1909 bis 1918.

Bei der Wahl des stellvertretenden Direktors war die Bankleitung deshalb darauf bedacht, einen Angestellten mit Türkei-Erfahrung einzustellen. Die Wahl fiel auf den 32jährigen Arthur von Haas, der nicht nur bereits in London, Brüssel und Paris tätig gewesen war, sondern bei seiner Bewerbung als stellvertretender Direktor in den Diensten der Ottoman Bank stand und als solcher mit den Besonderheiten des Bankgeschäfts in der Hauptstadt des Osmanischen Reichs vertraut war. Otto Kaufmann beschrieb ihn als gewandt und sicher im Auftreten und fügte hinzu: »Er scheint über gute Beziehungen zu verfügen und praktische Erfahrungen über Land und Leute, sowie Kenntnisse des für uns in erster Linie

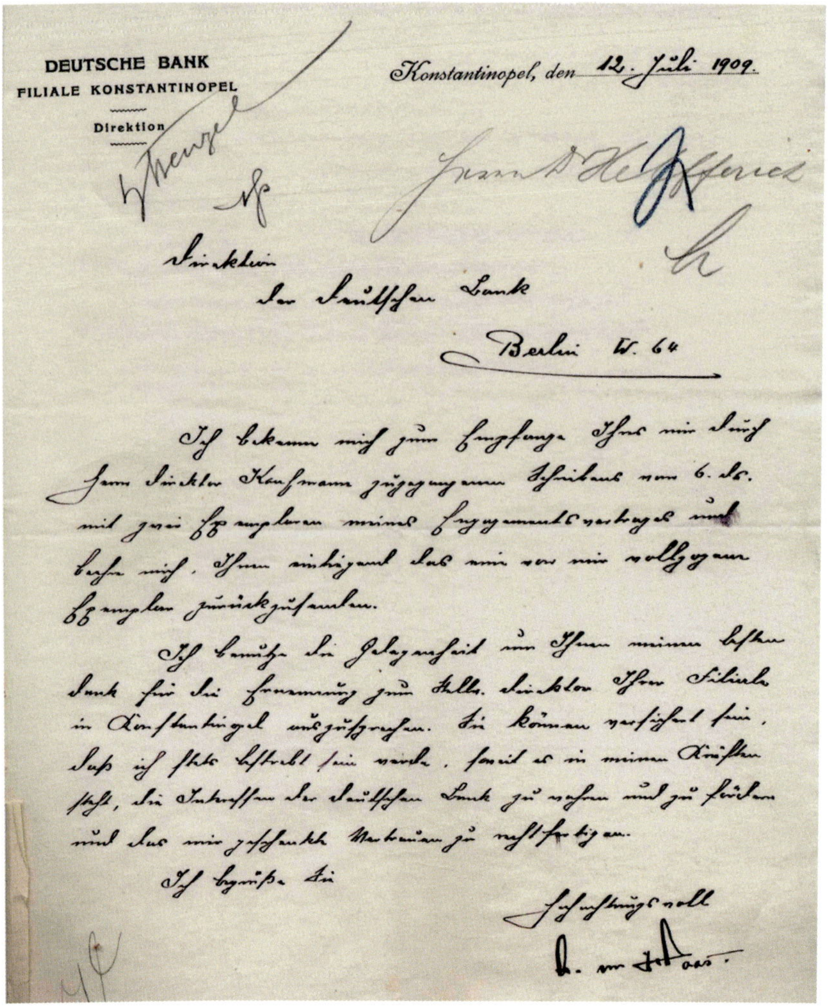
DEUTSCHE BANK
FILIALE KONSTANTINOPEL
Direktion

Konstantinopel, den 12. Juli 1909.

Direktion
der Deutschen Bank
Berlin W. 64

Ich bekenne mich zum Empfange Ihres mir durch Herrn Direktor Kaufmann zugegangenen Schreibens vom 6. ds. mit zwei Exemplaren meines Engagementsvertrages und beehre mich, Ihnen einliegend das eine von mir vollzogene Exemplar zurückzusenden.

Ich benütze die Gelegenheit um Ihnen meinen besten Dank für die Ernennung zum stellv. Direktor Ihrer Filiale in Konstantinopel auszusprechen. Sie können versichert sein, dass ich stets bestrebt sein werde, soweit es in meinen Kräften steht, die Interessen der Deutschen Bank zu wahren und zu fördern und das mir geschenkte Vertrauen zu rechtfertigen.

Ich begrüsse Sie

Hochachtungsvoll
A. von Haas.

Dankschreiben von Arthur von Haas für seine Ernennung zum stellvertretenden Direktor der Filiale Konstantinopel.

in Frage kommenden laufenden Geschäftes in ausreichendem Maße zu besitzen.«
Weitere Mitarbeiter konnten von den Vertretungen des Crédit Lyonnais und der Deutschen Orientbank in Konstantinopel engagiert werden, so dass bei Geschäftseröffnung ein – in den Worten Kaufmanns – »bunt-scheckiges Personal« zur Verfügung stand, das sich noch aneinander und an das System der Deutschen Bank gewöhnen musste.

Was die generellen Geschäftsaussichten der neuen Filiale anging, so äußerte man sich mit großer Vorsicht. Im Geschäftsbericht für das Jahr 1909 hieß es lakonisch: »Unsere Erwartungen hinsichtlich der Erträge des Bankgeschäfts in der Türkei bleiben die bescheidensten.«

Im folgenden Jahr, das Haus in Galata war inzwischen bezogen, war der Ton ein wenig optimistischer: »Die Filiale Konstantinopel entwickelt sich, wie wir erwartet hatten, nur langsam, aber auf gesunder Grundlage.« 1911 konnte dann ein erster Gewinn erzielt werden. Zur Anbahnung von Geschäftsbeziehungen unternahm Otto Kaufmann im Herbst 1910 eine ausgedehnte Geschäftsreise durch das Osmanische Reich, Ägypten und Griechenland, die ihn zu den Baustellen der Bagdadbahn, zu den Niederlassungen der Deutschen Palästina-Bank, der Banque d'Orient und der Ottoman Bank führte.
Einzelheiten über die Geschäftstätigkeit der Filiale Konstantinopel sind kaum bekannt. Die Finanzierungstätigkeit erstreckte sich insbesondere auf Großprojekte, die die Deutsche Bank in der Türkei betrieb, sowie auf die Vermittlung von türkischen Staatsanleihen. Betreut wurden diese Engagements im so genannten Sekretariat, dem Herz der Filiale. Zu den Großprojekten zählten in erster Linie die Anatolische Eisenbahn, die Bagdadbahn und der Hafen von Haidar Pascha. Die Abteilung bearbeitete aber auch die verschiedenen türkischen Anleihen, die von der Deutschen Bank emittiert wurden. In diesem Zusammenhang war

DEUTSCHE BANK
BERLIN
Fondée en 1870

Capital entièrement versé M. 200.000.000
Réserves fin 1909 M. 107.700.000

Dividendes de 1899 à 1903 11 %, de 1904 à 1908 12 %
1909 et 1910 12½ %.

Succursales : BREME, BRUXELLES, DRESDE, FRANCFORT s/M.
HAMBOURG, LEIPZIG, LONDRES, MUNICH, NUREMBERG, WIESBADE.

Succursale de Constantinople

SIÈGE PRINCIPAL : Galata, Rue Voïwode, N° 25-27

AGENCE DE STAMBOUL : Basmadjian Han,
Rue Achir Effendi, Kiutubhané.

La **Deutsche Bank, Succursale de Constantinople,** tant à Galata qu'à Stamboul, s'occupe de toutes opérations de Banque à des conditions très avantageuses.

Le **Siège Principal** met à la disposition du Public à des prix de location très-modérés, des compartiments dans ses chambres fortes construites avec les derniers perfectionnements. — Une sal'le spéciale, munie de cabines, permet aux locataires la manipulation de leurs dépôts en parfaite sécurité et à l'abri de toute indiscrétion.

HEURES DE CAISSE : 9 1/2 à 4 heures.
LES VENDREDIS : 9 1/2 à 1 »

Anzeige der Deutschen Bank Filiale Konstantinopel, die 1912 im Annuaire Oriental veröffentlicht wurde.

sie in ständigem Kontakt mit der Osmanischen Schuldenverwaltung. Ähnlich wie bei der etablierten Londoner Auslandsniederlassung handelte es sich dabei um Geschäftsfelder, die man heute mit dem Begriff »Investment Banking« benennen würde. Im Laufe der Zeit kamen ein sehr lebhaftes Devisen- und das Effektengeschäft hinzu.

DJ№ 068184

Ltqes

DEUTSCHE BANK FILIALE KONSTANTINOPEL

Zahlen Sie gegen diesen Scheck an die Order von

oder Überbringer die Summe von

Konstantinopel,

den 19

KAPITAL UND RESERVEN
MARK 428 MILLIONEN
(Frs. 535 000 000)
(Ltqes 23 000 000)

20 000
10 000
5 000
4 000
3 000
2 000
1 500
1 000
800
600
500
400
300
200
100
75
50
40
30
20
10

Scheckvordruck der Deutschen Bank Filiale Konstantinopel.

Geschäfts- und gesellschaftliche Umgangssprache in Konstantinopel wie im ganzen Osmanischen Reich war Französisch. In dieser Sprache verständigten sich auch die verschiedenen Nationalitäten, aus denen sich die Angestellten der Deutschen Bank zusammensetzten. Auch Bankformulare wurden meist in Französisch gedruckt.

Les Bureaux de la

DEUTSCHE BANK Filiale Konstantinopel.

ainsi que ceux de TOUTES LES BANQUES de notre place, seront fermés les VENDREDIS a partir du 23 Juin jusqu'au 13 Octobre 1911. n. s.

Mitteilung aus dem Jahr 1911 in französischer Sprache, mit der die Kundschaft informiert wurde, dass die Filiale der Deutschen Bank wie alle Banken in Konstantinopel freitags geschlossen blieb.

2. Die Deutsche Bank und der Eisenbahnbau in der Türkei

Als die Filiale der Deutschen Bank in Konstantinopel 1909 eröffnet wurde, konnte die Bank bereits auf mehr als zwei Jahrzehnte Geschäftstätigkeit im Osmanischen Reich zurückblicken. Bau und Betrieb von Eisenbahnen bildeten dabei den Schwerpunkt ihrer Aktivität. Angesichts der notorischen Geldkalamitäten der osmanischen Sultane waren sie auf ausländisches Kapital zum Ausbau des Eisenbahnnetzes ihres Riesenreiches angewiesen. Die wenigen vorhandenen Eisenbahnstrecken waren nicht nur mit fremdem Kapital erbaut worden, sondern wurden auch als Gesellschaften fremden Rechts – in erster Linie von englischen und französischen Investoren – betrieben.

Sultan Abdul Hamid II.

Sultan Abdul Hamid II. erkannte die Bedeutung der Schienenwege für die Entwicklung seines Landes und versprach sich von einer Bahnverbindung zwischen Konstantinopel und Bagdad eine wirtschaftliche und strategische Erschließung. Um sich aus der Abhängigkeit von englischem und französischem Kapital zu befreien, wandte er sich zur Verwirklichung seiner weitreichenden Pläne an deutsche Finanzkreise, so unter anderem an Georg Siemens, den Vorstandssprecher der Deutschen Bank in Berlin. Siemens sah sehr wohl die vielfältigen Chancen, die eine Bahn von diesen Dimensionen bieten würde, er schätzte allerdings die unternehmerischen und politischen Risiken als ebenso groß ein. Seine skeptische Haltung sollte er jedoch bald ändern. Ein schwäbischer Kollege konnte ihn von den finanziellen Möglichkeiten überzeugen.

Georg Siemens.

Alfred Kaulla, Vorstandsmitglied der Württembergischen Vereinsbank – einer Bank, die 1924 in der Deutschen Bank aufging –, hielt sich seit 1886 mehrfach in Konstantinopel auf, um für einen wichtigen Industriekunden seines Instituts, die Mauserwerke, Waffengeschäfte zu verhandeln. Kaulla fand schnell Kontakt zu türkischen Regierungskreisen und war von den Perspektiven des Bahnbaus überzeugt. Ihm gelang es, Siemens und die Deutsche Bank für dieses Projekt, das für die Württembergische Vereinsbank viel zu groß war, zu gewinnen.
Zunächst galt es aber, sich politisch abzusichern. Auf eine entsprechende Anfrage an das Auswärtige Amt antwortete der deutsche Reichskanzler und Außenminister Otto von Bismarck am 2. September 1888, »dass politische Bedenken gegen die Bewerbung nicht bestehen«. Damit war der Weg für die Deutsche Bank frei, doch Bismarck ließ auch keine Zwei-

Alfred Kaulla.

fel daran, dass das unternehmerische Risiko allein von der Deutschen Bank getragen werden müsse. Eine Haftung durch das Deutsche Reich schloss er ausdrücklich aus: »In der Tat gehen deutsche Unternehmer durch Kapitalsanlagen in anatolischen Eisenbahnbauten ein Risiko ein, welches zunächst in den Schwierigkeiten der Rechtsverfolgung im Orient liegt, aber durch kriegerische und andere Verwicklungen noch gesteigert werden kann. Die darin für deutsches Kapital liegenden Gefahren werden ausschließlich den Unternehmern zur Last fallen, und werden die letzteren nicht darauf rechnen dürfen, daß das Deutsche Reich sie gegen die mit gewagten Unternehmungen im Auslande verbundenen Wechselfälle sicherstellen werde.«

Am 4. Oktober 1888 unterschrieb Alfred Kaulla im Namen der Deutschen Bank schließlich die Konzessionsverträge für den Bau und den Betrieb einer Eisenbahnlinie von Haidar Pascha nach Ankara. Die Deutsche Bank erwarb mit der Konzession zunächst die bereits existierende, 92 Kilometer lange Linie von Haidar Pascha nach Izmit und erhielt außerdem die Bau- und Betriebskonzession für die 486 Kilometer lange Strecke von Izmit landeinwärts nach Ankara. Die Konzessionsdauer betrug 99 Jahre; sie wurde später im Einklang mit der Konzession für die Bagdadbahn verlängert.

Um dem Eisenbahnunternehmen auch für die schwierige Zeit der Entstehung eine angemessene Rendite zu sichern und so die Aufbringung des erforderlichen Kapitals zu ermöglichen, übernahm die türkische Regierung gegenüber den Konzessionären eine »Kilometergarantie«. Das heißt, sie

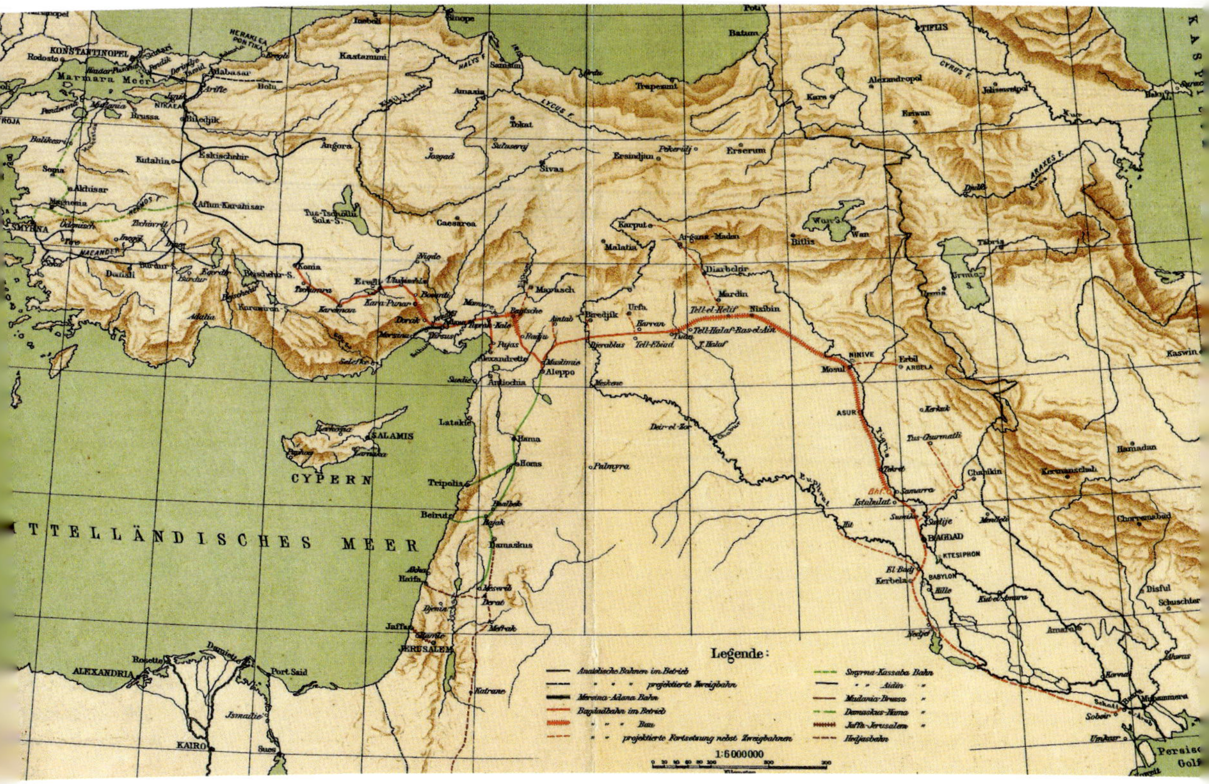

Streckenplan der Anatolischen Eisenbahn und der Bagdadbahn um 1914.

hatte je fertig gestelltem Kilometer jährlich Beträge in einer festgelegten Höhe zu zahlen, soweit die Einnahmen aus dem Betrieb der Bahn jene Summen nicht erreichten. Als Sicherheit für die Garantiezahlungen verpfändete die türkische Regierung die »Getreidezehnten« der von den Bahnen durchzogenen Provinzen Izmit und Ankara.
Die Bau- und Betriebskonzession für die Eisenbahn wurde einer Aktiengesellschaft türkischen Rechts übertragen, der Société du Chemin de Fer Ottoman d'Anatolie, die am 4. März 1889 mit Sitz in Konstantinopel gegründet wurde. Generaldirektor der Anatolischen Eisenbahn-Gesellschaft wurde Otto von Kühlmann; ihm folgte Kurt Zander, der dieses Amt bis 1905 innehatte. Den Aufsichtsratsvorsitz übernahm Georg Siemens.

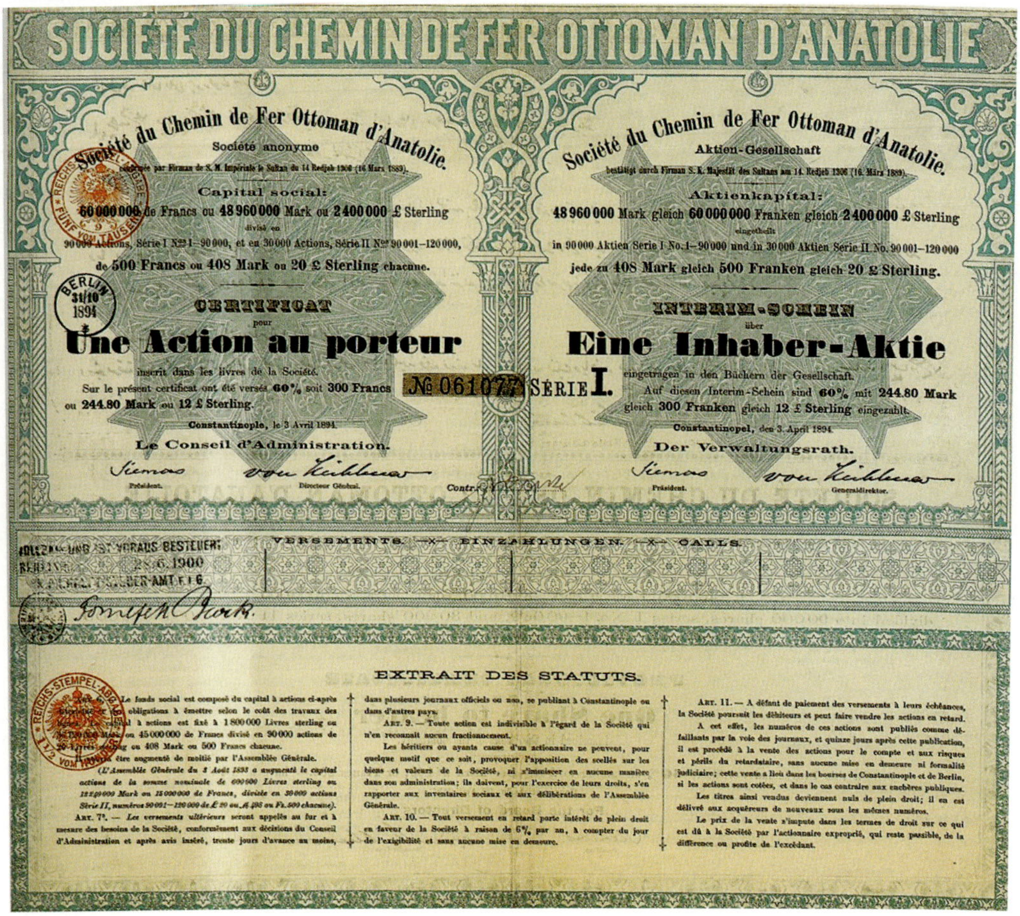
SOCIÉTÉ DU CHEMIN DE FER OTTOMAN D'ANATOLIE

Société du Chemin de Fer Ottoman d'Anatolie
Société anonyme
Capital social:
60 000 000 de Francs ou 48 960 000 Mark ou 2 400 000 £ Sterling
divisé en
90 000 Actions, Série I Nos 1–90 000, et en 30 000 Actions, Série II Nos 90 001–120 000,
de 500 Francs ou 408 Mark ou 20 £ Sterling chacune.
CERTIFICAT
pour
Une Action au porteur
inscrit dans les livres de la Société.
Sur le présent certificat ont été versés 60% soit 300 Francs ou 244.80 Mark ou 12 £ Sterling.
Constantinople, le 3 Avril 1894.
Le Conseil d'Administration.
Président. Directeur Général.

№ 061077 SÉRIE I.

Société du Chemin de Fer Ottoman d'Anatolie
Aktien-Gesellschaft
Aktienkapital:
48 960 000 Mark gleich 60 000 000 Franken gleich 2 400 000 £ Sterling
eingetheilt
in 90 000 Aktien Serie I No. 1–90 000 und in 30 000 Aktien Serie II No. 90 001–120 000
jede zu 408 Mark gleich 500 Franken gleich 20 £ Sterling.
INTERIM-SCHEIN
über
Eine Inhaber-Aktie
eingetragen in den Büchern der Gesellschaft.
Auf diesen Interim-Schein sind 60% mit 244.80 Mark gleich 300 Franken gleich 12 £ Sterling eingezahlt.
Constantinopel, den 3. April 1894.
Der Verwaltungsrath.
Präsident. Generaldirektor.

VERSEMENTS. — EINZAHLUNGEN. — CALLS.

EXTRAIT DES STATUTS.

Aktie der Société du Chemin de Fer Ottoman d'Anatolie von 1894.

Die Baukosten wurden durch die Ausgabe von Obligationen finanziert, die größtenteils auf dem deutschen Kapitalmarkt untergebracht werden konnten. Unter anderem wurden die Aktien und Anleihen der Gesellschaft auch an der Börse in Konstantinopel notiert.

Nachdem die Finanzierung gesichert war, konnte der Bau beginnen. Ausgangspunkt war Konstantinopel. Auf der europäischen Seite der Stadt gab es bereits den Orientalischen Bahnhof, wo der legendäre aus Paris über Wien und Budapest kommende Orient-Express endete. Über den Bosporus sollte die projektierte Abdul Hamid-Eisenbahnbrücke führen und das europäische Eisenbahnnetz mit dem asiatischen Streckennetz verbinden. Die Eisenbahnbrücke wurde freilich nie gebaut, die Finanzierung erwies sich als nicht realisierbar. Reisende in Richtung Anatolien mussten den Bosporus mit Fährschiffen überqueren, die sie auf die asiatische Seite zum Hafen von Haidar Pascha brachten.

Der Bahnhof Haidar Pascha, in unmittelbarer Nähe der Anlegestelle der Schiffe, war der Ausgangspunkt der Anatolischen Eisenbahn. Ein monumentaler Neubau ersetzte bald den alten, viel zu klein gewordenen Bahnhof. Das Gebäude, häufig als das »Eingangstor nach Kleinasien« bezeichnet, wurde von der Frankfurter Baufirma Philipp Holzmann & Cie. ganz im Stile deutscher Architektur um die Jahrhundertwende erbaut und 1909 – im gleichen Jahr wie die Filiale der Deutschen Bank – eröffnet.

Siegelmarke der Société du Chemin de Fer Ottoman d'Anatolie.

Innen- und Außenansicht des Bahnhofs Haidar Pascha.

Werbung der Société du Chemin de Fer Otttoman d'Anatolie im Jahr der Fertigstellung der Strecke nach Konia 1896.

Auch die Bahnlinie wurde größtenteils von der Firma Philipp Holzmann gebaut. Trotz technischer Schwierigkeiten und Problemen bei der Beschaffung von Arbeitskräften in einer dünn besiedelten Region machte der Bau rasche Fortschritte. Bereits nach vier Jahren Bauzeit wurde 1892 Ankara erreicht. Man baute jedoch nicht über Ankara hinaus nach Osten, sondern wählte eine Trasse, die weiter südlich verlief. 1896 führte die Eisenbahn schon bis Konia, einem Zentrum alter islamischer Kultur. Der Geschäftsbericht der Anatolischen Eisenbahn-Gesellschaft berichtete in diesem Jahr, dass damit das Streckennetz eine Ausdehnung von 1022 Kilometern, 452 Metern und 80 Zentimetern (!) erreicht habe.

Die Verhandlungen über die Weiterführung der Eisenbahn von Konia nach Bagdad und weiter bis zum Persischen Golf nahmen die folgenden sieben Jahre bis 1903 in Anspruch. Auseinandersetzungen mit den anderen europäischen Großmächten, deren politische und wirtschaftliche Einflusssphären jetzt stärker berührt wurden, brachten die Bagdadbahn immer wieder in die öffentliche Diskussion. Dazu kamen Schwierigkeiten mit der Finanzierung.
Die deutsche Diplomatie und Kaiser Wilhelm II. persönlich drängten die Deutsche Bank jedoch

Empfang des deutschen Kaisers am Bahnhof von Heréké am 20. Oktober 1898.

zum Weiterbau. Anlässlich der Orientreise des Kaisers im Jahre 1898 befand sich auch Georg Siemens in Konstantinopel und zählte zum Empfangskomitee des kaiserlichen Zuges.

Siemens kommentierte 1899 in Briefen an seine Vorstandskollegen in Berlin sarkastisch die weiteren Verhandlungen für die Bagdad-Konzession: »Sie werden mich für verrückt halten, wenn ich trotz unserer Verabredungen, trotz Panik auf allen europäischen Plätzen, trotz meiner schon seit März proklamierten Überzeugung von Börsenbaisse den Türken einen Vorschuß von 3,8 Mio. Mark zu 7% geben will, während man zum gleichen Diskont Wechsel auf gute deutsche Häuser kaufen kann.

Georg Siemens als Bahnwärter der Bagdadbahn, Karikatur von 1900.

Der sogenannte Bagdadvertrag ist nur ein Wisch! Und doch bezahle ich dafür! Aber die Angelegenheit nahm einen etwas politischen Charakter an. Wäre ich ohne Unterschrift des Vertrages wieder abgereist, so hätte es politische Cancans gegeben und die Anatolische Bahn hätte bei dem Sultan, der die Sache höchst persönlich und höchst leidenschaftlich betreibt, direkt und dauernd im Dreck gelegen. So habe ich dem Druck der (deutschen) Botschaft nachgegeben. Man kann von den Anatoliern nicht verlangen, daß sie ihr Unternehmen ruinieren, weil die Deutsche Bank ihr Kontokorrentguthaben behalten möchte.«

Die unternehmerischen Überlegungen hatten sich der Politik untergeordnet. Die Deutsche Bank war als Kaufmann ausgezogen; ihre Unternehmungen hatten der deutschen Industrie lohnende Arbeit, dem deutschen Kapital gute Anlagewerte zugeführt. Diese Geschäfte aber waren in zunehmendem Maße Instrument der deutschen Politik geworden.

Im März 1903 unterzeichneten Arthur Gwinner, der im Vorstand der Deutschen Bank nach Siemens' Ausscheiden im Jahr 1900 die türkischen Angelegenheiten übernommen hatte, und der türkische Minister Zihni Pascha die Bagdad-Konzession.

Rechts: Anleihe der Bagdadbahn von 1903.

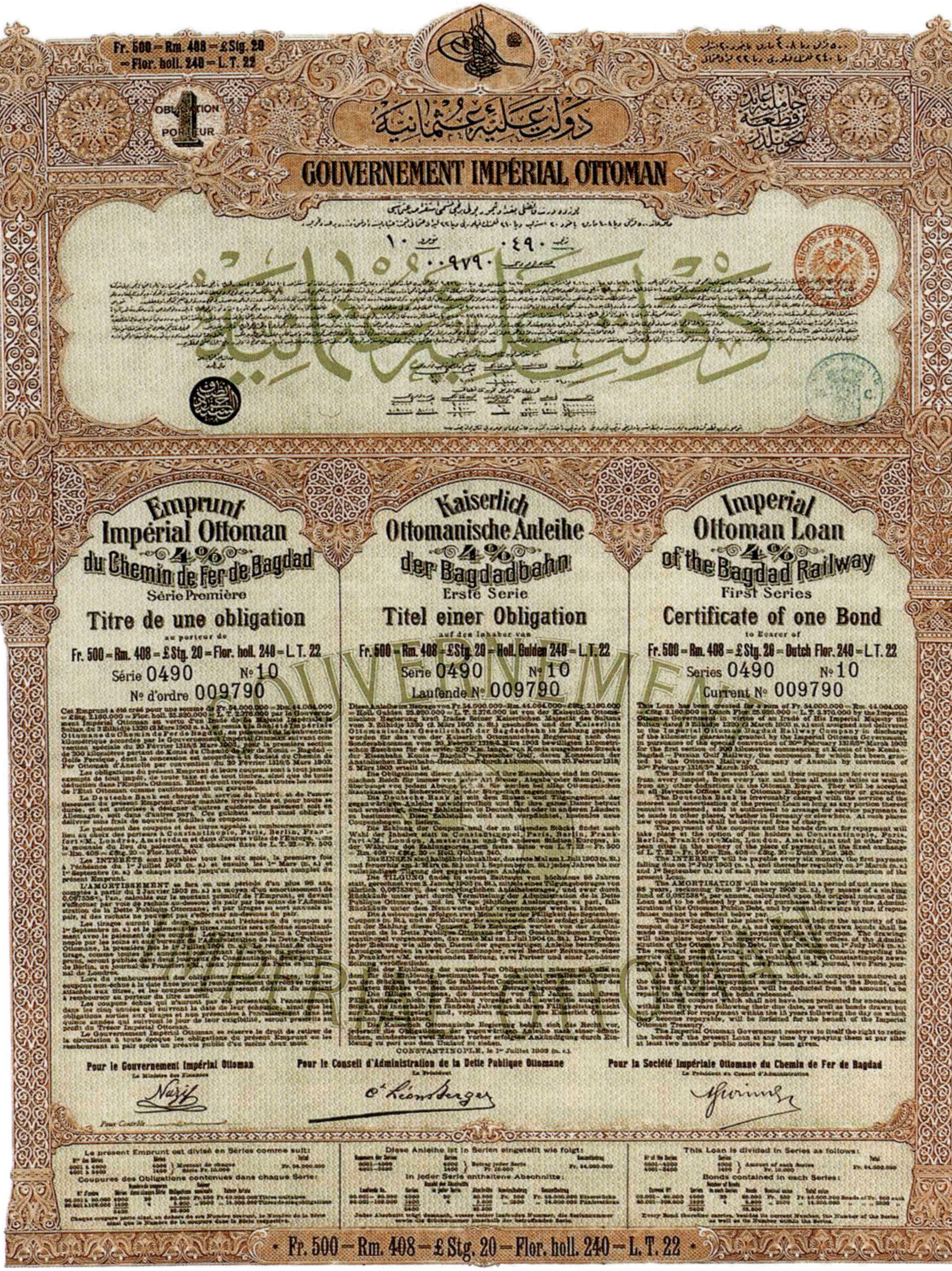
Fr. 500 – Rm. 408 – £ Stg. 20 – Flor. holl. 240 – L. T. 22

OBLIGATION AU PORTEUR 1

GOUVERNEMENT IMPÉRIAL OTTOMAN

Emprunt Impérial Ottoman 4% du Chemin de Fer de Bagdad	Kaiserlich Ottomanische Anleihe 4% der Bagdadbahn	Imperial Ottoman Loan 4% of the Bagdad Railway
Série Première	Erste Serie	First Series
Titre de une obligation au porteur de	Titel einer Obligation auf den Inhaber von	Certificate of one Bond to Bearer of
Fr. 500 – Rm. 408 – £ Stg. 20 – Flor. holl. 240 – L. T. 22	Fr. 500 – Rm. 408 – £ Stg. 20 – Holl. Gulden 240 – L. T. 22	Fr. 500 – Rm. 408 – £ Stg. 20 – Dutch Flor. 240 – L. T. 22
Série 0490 Nº 10	Serie 0490 Nº 10	Series 0490 Nº 10
Nº d'ordre 009790	Laufende Nº 009790	Current Nº 009790

GOUVERNEMENT IMPERIAL OTTOMAN

CONSTANTINOPLE, le 1er Juillet 1903

Pour le Gouvernement Impérial Ottoman	Pour le Conseil d'Administration de la Dette Publique Ottomane	Pour la Société Impériale Ottomane du Chemin de Fer de Bagdad

• Fr. 500 – Rm. 408 – £ Stg. 20 – Flor. holl. 240 – L. T. 22 •

Die Bahnlinie sollte von Konia über das Taurus- und Amanus-Gebirge nach Adana, Mosul, Bagdad bis Basra weitergeführt werden. Die erste Teilstrecke von 200 Kilometern von Konia bis an das Taurusgebirge nach Burgulu wurde nach nur anderthalb Jahren Bauzeit fertig gestellt und ging im Oktober 1904 in Betrieb. Dann kam der Weiterbau ins Stocken. Die Gebirgsketten des Taurus und des Amanus mit über 3000 Metern Höhe machten umfangreiche Tunnel- und Brückenbauten erforderlich. Die zwischen den Gebirgsstrecken liegenden Abschnitte wurden zuerst gebaut, die großen Ingenieurbauten durch die beiden Gebirge brauchten dagegen noch Jahre und wurden erst 1916 für militärische Transporte fertig gestellt.

Tunnelbauarbeiten im Taurus.

Die Baukosten für die Strecke von Konia nach Basra wurden auf rund 450 Millionen Mark kalkuliert – eine gewaltige Summe für die damalige Zeit. Georg Siemens und später Arthur Gwinner strebten daher immer wieder eine Internationalisierung der Bagdadbahn an, vor allem eine Heranziehung von englischem und französischem Kapital. Eine Einigung mit den Engländern gelang wenige Wochen vor Beginn des Ersten Weltkrieges. Die Verträge kamen nicht mehr zur Ausführung.

So blieb die Bagdadbahn zunächst unvollendet. 1914 existierte noch eine Lücke von 650 Kilometern. Die Bauarbeiten kamen im Zusammenhang mit der Auflösung des Osmanischen Reichs am Ende des Ersten Weltkrieges ganz zum Erliegen. Erst in den Jahren 1936 bis 1940 baute der irakische Staat die Bagdadbahn zu Ende: Am 15. Juli 1940 konnte der erste Reisezug von Istanbul nach Bagdad fahren.

Viadukt im Taurus.

3. Die Filiale Konstantinopel im Ersten Weltkrieg

Die Filiale in Konstantinopel bestand noch keine fünf Jahre, als im Sommer 1914 der Erste Weltkrieg begann, in den das Osmanische Reich im Oktober 1914 auf deutscher Seite eintrat. Die Teilung der Welt in zwei feindliche Lager erschütterte das Bankgeschäft in seinen Grundfesten. Die weit verzeigten internationalen Finanzbeziehungen wurden innerhalb weniger Tage gekappt, und die Kapitalströme versiegten. Ein bezeichnendes Beispiel, welche Auswirkung dies auf ein multinationales Unternehmen hatte, liefert die Ottoman Bank, die sich bei Kriegsbeginn in einer besonders unangenehmen Situation befand. Ihre Direktion in Konstantinopel und ihre Aktionäre waren Anglo-Französisch, und damit Kriegsgegner des Osmanischen Reichs, während die Bank selbst in Paris und London als osmanisches und damit feindliches Unternehmen angesehen wurde. Beschlagnahmungen auf beiden Seiten waren die Folge.

An die Stelle der Ottoman Bank, die seit Jahrzehnten die Funktionen einer nicht existierenden türkischen Zentralbank ausgeübt hatte, trat de facto die Filiale der Deutschen Bank in Konstantinopel, indem sie als wichtigster Finanzvermittler zwischen Deutschland und dem Osmanischen Reich diente. Die deutschen Hilfszahlungen für den Bündnispartner und die Finanzierung des Krieges von der bulgarischen Grenze bis zum Suez-Kanal einerseits und Afghanistan andererseits lagen in den Händen der Deutschen Bank. Dazu war es erforderlich, dass die Konstantinopeler Filiale täglichen, ja oft stündlichen Kontakt mit der deutschen Botschaft und der deutschen Militärmission hielt. Für die letztere besorgte sie auch die gesamte Geldversorgung.

Notizbuch der Deutschen Bank Filiale Konstantinopel.

Eine detailreiche Schilderung der Filiale Konstantinopel in den Jahren des Ersten Weltkrieges ist Rudolph Brinckmann zu verdanken, der Jahrzehnte später, als Mitinhaber des Hamburger Bankhauses Brinckmann, Wirtz & Co., wie M.M. Warburg für mehrere Jahrzehnte firmierte, seine Erinnerungen festhielt. Brinckmann kam 1915 nach Konstantinopel. Er war von dem für die Filiale zuständigen Vorstandsmitglied der Deutschen Bank Paul Millington-Herrmann wegen seiner türkischen und neu-griechischen Sprachkenntnisse engagiert worden. Der 1889 in Smyrna, dem heutigen Izmir, geborene Brinckmann hatte neben seinem Jurastudium orientalische Sprachen studiert und 1911 in Berlin das türkische Dolmetscherexamen abgelegt.

Bei seinem Eintreffen in Konstantinopel lag die Leitung der Filiale weiterhin in den Händen Otto Kaufmanns. Sein Stellvertreter Arthur von Haas war als Kapitänleutnant der Reserve in den Dienst der Marine abkommandiert, die ihn als Nachrichtenoffizier und Stellvertreter des Marineattachés in der deutschen Botschaft in Konstantinopel einsetzte. An seiner Stelle wirkten an der Spitze der

Franz Köbner, stellvertretender Direktor der Filiale Konstantinopel von 1914 bis 1916.

Filiale der Italiener Italo Rossi und Franz Köbner, der nach dem Krieg zum Mitglied in der Generaldirektion der Preußischen Staatsbank (Seehandlung) avancierte. Prokuristen der Deutschen Bank waren Edmond Goldenberg, Herr Streuber und Curt Gertig (Korrespondenz), Herr Naumann und Eugen Wachenheimer (Sekretariat), Herr Gallipoliti (Kasse), Herr Rothenberg (Devisen), Herr Rigaudias (Börsen-Effekten-Abteilung) und Herr Loos (Chef der Buchhaltung). Chefsekretärin war Gertrude Fiedler. Insgesamt wurden circa 250 Angestellte beschäftigt.

Im Laufe des Krieges wurde eine Waren-Abteilung eingerichtet, deren Leitung Rudolph Brinckmann übertragen wurde. Beispielsweise wurde der Einkauf des für das deutsche Heer bestimmten Tabaks durch die Deutsche Bank abgewickelt. Brinckmann musste sich neben dem Einkauf mit dem sehr schwierigen Abtransport des Tabaks befassen. Da nicht genügend Schiffsraum vorhanden war und zudem die Fahrt über das Schwarze Meer nach dem Hafen von Constanza, wo die Waren auf

Rudolph Brinckmanns Einlasskarte zur Stahlkammer der Deutschen Bank Filiale Konstantinopel und sein Safe-Schlüssel.

№ 705 CARTE D'ENTRÉE
À LA
CHAMBRE FORTE
DE LA
DEUTSCHE BANK FILIALE KONSTANTINOPEL
pour Monsieur Rudolph Brinckmann
comme Fondé de Pouvoirs de Monsieur
A. Gallipoliti
valable jusqu' au 8 Octobre 1919
Le Préposé de la Chambre Forte,
DEUTSCHE BANK
Filiale Konstantinopel
Mod. N° 56 T.

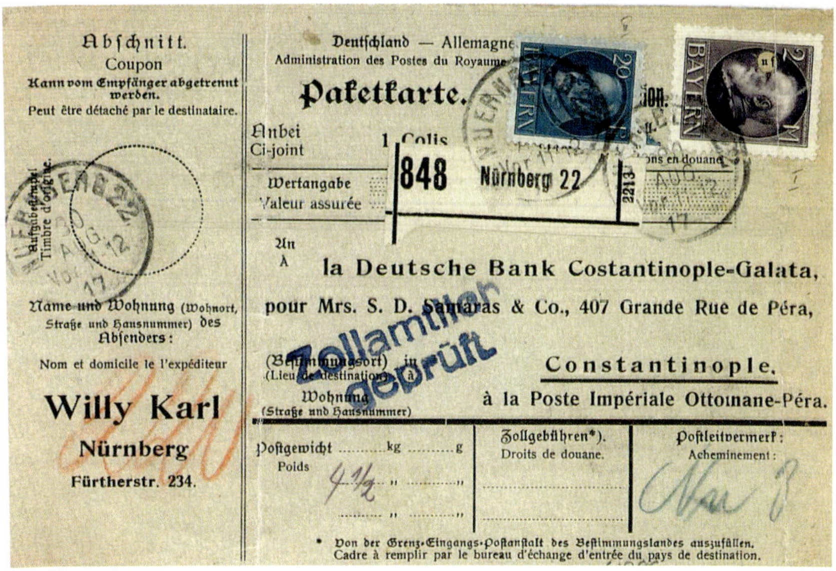

Abschnitt.
Coupon
Kann vom Empfänger abgetrennt werden.
Peut être détaché par le destinataire.

Aufgabestempel
Timbre d'origine.

Name und Wohnung (Wohnort, Straße und Hausnummer) des Absenders:
Nom et domicile de l'expéditeur

Willy Karl
Nürnberg
Fürtherstr. 234.

Deutschland — Allemagne
Administration des Postes du Royaume

Paketkarte.

Anbei 1 Colis
Ci-joint

848 Nürnberg 22

Wertangabe
Valeur assurée

An
A
la Deutsche Bank Costantinople-Galata,
pour Mrs. S. D. Samaras & Co., 407 Grande Rue de Péra,
(Bestimmungsort) in
(Lieu de destination) à
Constantinople,
Wohnung
(Straße und Hausnummer)
à la Poste Impériale Ottomane-Péra.

Zollamtlich geprüft

Postgewicht kg g Poids	Zollgebühren*). Droits de douane.	Postleitvermerk: Acheminement:
4 1/2		

* Von der Grenz-Eingangs-Postanstalt des Bestimmungslandes auszufüllen.
Cadre à remplir par le bureau d'échange d'entrée du pays de destination.

Paketkarte einer 1917 aus Nürnberg an die Filiale Konstantinopel verschickten Sendung.

die Bahn umgeladen wurden, infolge des Krieges gefährdet war, erfolgten wiederholt Transporte auf dem Kriegsschiff »Breslau«, die er persönlich überwachte. Auch Trockenfrüchte, Mandeln usw. wurden für die Versorgung des deutschen Heeres angekauft. Soweit es die Transportmöglichkeiten erlaubten, gelangten diese Waren über den Balkan nach Deutschland.

Für die Versorgung der deutschen Zivilbevölkerung kaufte Brinckmann im Auftrage der Deutschen Bank große Mengen von Wolle und Mohair, die überall im Inneren von Kleinasien bei den Filialen der Ottoman Bank eingelagert wurden. Auch hier verhinderten die schwierigen Verkehrsverhältnisse zum Teil den Weitertransport. An sehr entlegenen Orten blieben die Waren oft liegen, wo sie nach Kriegsende verschwanden.

Eine weitere Aufgabe, die der Deutschen Bank übertragen wurde, war die Versorgung der in

Transport im Krieg: Lokomotiven der Bagdadbahn in Bagdad.

Mesopotamien kämpfenden türkischen Truppen mit Gold. Dabei spielte die erst im Mai 1914 kurz vor Kriegsbeginn gegründete Zweigstelle in Bagdad eine wichtige Rolle. Da im nördlichen Mesopotamien nur Silbergeld im Umlauf war, kaufte die Niederlassung der Deutschen Bank in Bagdad ständig das Silbergeld, das die aus Persien nach den heiligen Stätten von Kerbela strömenden Pilger ausgaben, gegen Gold auf. Direktor der Zweigstelle in Bagdad war Timotheus Wurst, der später die 1923 in Jaffa gegründete Bank der Tempelgesellschaft leitete.

Brinckmann erinnerte sich später vor allem an die außerordentliche Vielseitigkeit des Geschäfts in der Türkei, durch die er wertvolle Erfahrungen für seine spätere Bankiertätigkeit machen konnte: »Da im Orient bekanntlich stets das Unvorhersehbare passiert, war es eine ausgezeichnete Schulung und eine hervorragende Gelegenheit, Erfahrungen zu sammeln für einen jungen Menschen, der auf einen relativ verantwortungsvollen Posten gestellt war. Ich habe stets behauptet, dass ich in den vier Jahren bei der Deutschen Bank in Konstantinopel mehr gelernt habe, als vielleicht in 20 Jahren in Europa. Diese große Erfahrung und vor allen Dingen der Umgang mit Menschen heterogenster Art und verschiedenster Nationalitäten sind mir späterhin sehr zustattengekommen.«

Während des Krieges musste die Filiale Konstantinopel auch kritische Situationen überstehen, wie beim englischen Angriff auf die Dardanellen Ende 1915. Da mit dem Durchbruch der Alliierten gerechnet werden musste, waren die deutsche Filialdirektion und die übrigen deutschen Angestellten für das Ausweichen nach dem Inneren von Kleinasien täglich vorbereitet.
Im Herbst 1918 kam der Erste Weltkrieg auch im Nahen Osten in seine Endphase. Nach der Großoffensive der Briten in Palästina im September 1918, die bis nach Aleppo vordrang, sah sich die Regierung des Sultans gezwungen, um Waffenstillstand zu bitten, der am 30. Oktober 1918 unterzeichnet wurde. Am 13. November fuhr die alliierte Flotte in den Bosporus ein und britische und französische Truppen besetzten Teile Konstantinopels. Zum Hochkommissar für die besetzten türkischen Gebiete wurde Admiral Somerset Arthur Gough-Calthorpe ernannt.
Die Deutsche Bank Filiale Konstantinopel mit ihren Geschäftsstellen in Galata und Stamboul wurde am 25. Januar 1919 unter Zwangsverwaltung der Alliierten gestellt. Für die ersten Monate über-

nahm Charles Fergusson die Kontrolle der Bank, am 1. Mai 1919 wurde er von Captain Wiles abgelöst. Sie wurden unterstützt durch zwei Franzosen, die das Kassageschäft und die 704 Schließfächer der Filiale genau untersuchten. Die Zweigstelle Stamboul wurde sofort geschlossen und ihre Bücher, ihre Bargeldbestände und ihr Personal zur Filiale nach Galata verbracht. Die deutschen und österreichischen Mitarbeiter mussten die Bankgebäude unverzüglich verlassen und hatten Weisungen der Militärbehörden für ihre Abreise aus Konstantinopel abzuwarten. Der Leiter der Filiale Otto Kaufmann war schon im November 1918 nach Deutschland zurückgekehrt. Die Leitung wurde von dem stellvertretenden Direktor Italo Rossi, dessen Ausweisung durch den italienischen Vertreter der Entente verhindert werden konnte, übernommen. Rossi hatte bis 1915 die Zweigstelle Stamboul geleitet, um dann in Galata als stellvertretender Filialdirektor für das Devisengeschäft zuständig zu sein. Im April 1919 erfuhr die Deutsche Bank in Berlin über das Auswärtige Amt, das über einen Geschäftsträger der schwedischen Botschaft in der türkischen Hauptstadt vertreten wurde, dass die alliierte Militärkontrolle bereits Mitte März 1919 die Schließung der Deutschen Bank Filiale Konstantinopel verfügt hatte. Dies war Teil eines alliierten Beschlusses, sämtliche deutschen und österreichisch-ungarischen Banken in Konstantinopel zu schließen und zu liquidieren. Mit dieser Verfügung wurde auch der Zahlungsverkehr zwischen Deutschland und der Türkei unterbunden, so dass deutsche Kunden ihre Konten bei

der Filiale Konstantinopel nicht auflösen konnten. Auch weitere Ausleihungen, die manche Kunden über den Februar 1919 hinaus wünschten, konnte die Filiale nicht tätigen.
Für manche der verbliebenen Angestellten der Filiale der Deutschen Bank engagierte sich der britische Kontrolleur für die Feindbanken persönlich, so im Fall der russischen Admiralstochter Tatiana Doubassoff. Captain Wiles empfahl sie der Ottoman Bank, in die sie im November 1920 eintrat.

Bei der Berliner Zentrale der Deutschen Bank wurde Anfang 1919 eine Ausweichstelle der Filiale Konstantinopel eingerichtet, die als Anlaufstation der deutschen Kunden diente und die Geschäfte der Filiale so weit wie möglich abwickelte. Auch Otto Kaufmann, der erste Leiter der Niederlassung, war dort zunächst tätig. Da sich ihm aber keine aussichtsreiche Perspektive für eine weitere Tätigkeit für die Deutsche Bank im Ausland eröffnete, nahm er das Angebot des Freiherrn S. Alfred von Oppenheim an, als Teilhaber in das Bankhaus Sal. Oppenheim jr. & Cie. einzutreten. Von 1921 bis 1936 war er für die Kölner Privatbank tätig.

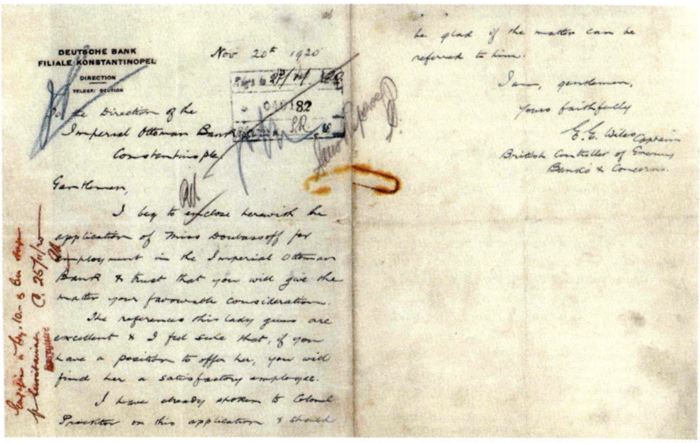
DEUTSCHE BANK
FILIALE KONSTANTINOPEL
DIRECTION

Nov 20th 1920

To the Direction of the
Imperial Ottoman Bank
Constantinople

Gentlemen,

I beg to enclose herewith the application of Miss Doubassoff for employment in the Imperial Ottoman Bank & trust that you will give the matter your favourable consideration.

The references this lady gives are excellent & I feel sure that, if you have a position to offer her, you will find her a satisfactory employee.

I have already spoken to Colonel Procktor on this application & should be glad if the matter can be referred to him.

I am, gentlemen,
Yours faithfully
E. E. Wiles Captain
British Controller of Enemy Banks & Concerns.

Tatiana Doubassoff, bis zum November 1920 Angestellte der Deutschen Bank Filiale Konstantinopel.

4. Von der Wiedereröffnung der Filiale bis zu ihrer Schließung im Zweiten Weltkrieg

Seit 1922 mehrten sich vor allem auf britischer Seite die Zeichen, dass mit einer Wiederaufnahme des Geschäfts der Deutschen Bank Niederlassung in Konstantinopel zu rechnen sei. Nachdem die Türkei durch den am 24. Juli 1923 unterzeichneten Lausanner Vertrag seitens der Alliierten als Nachfolgestaat des Osmanischen Reichs anerkannt worden war und ihre volle Unabhängigkeit wiedererlangt hatte, rückte dieses Ziel näher. Ende August 1923 begannen die alliierten Truppen ihren Abzug, und einen Monat später hatten die letzten Einheiten der Siegermächte die Stadt am Bosporus verlassen. Zu diesem Zeitpunkt gab die interalliierte Militärkontrolle der Filiale der Deutschen Bank Kenntnis davon, dass sie von ihrem Recht der Liquidation der Niederlassung keinen Gebrauch machen würde. Am 1. Oktober 1923 hob der Hochkommissar seine Kontrollmaßnahmen auf. Die Filiale erhielt die Schlüssel zu ihrem Tresor zurück und befand sich wieder in uneingeschränktem Besitz ihres Eigentums.

Um die volle Tätigkeit der Filiale wieder aufnehmen zu können, war notwendig, dass die neue türkische Regierung unter Kemal Atatürk die Konzession zum Geschäftsbetrieb erneuerte. Bis dahin wollte sich die Filiale auf das Tagesgeschäft beschränken und sowohl von der Beteiligung an Finanzierungen als auch von neuen Krediten und Vorschüssen absehen. Die Filiale widmete sich aber sogleich dem Inkassogeschäft sowie dem An- und Verkauf von Devisen und Effekten.

In der Türkei bestanden damals 35 Banken, die insgesamt 439 Filialen unterhielten. 22 dieser Institute

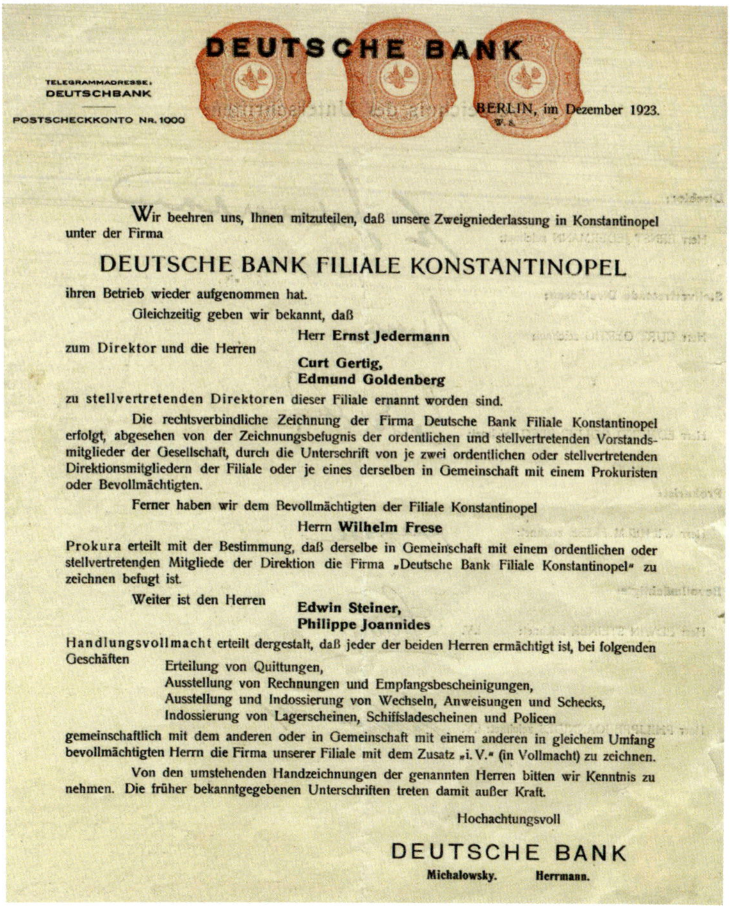

DEUTSCHE BANK

TELEGRAMMADRESSE: DEUTSCHBANK

POSTSCHECKKONTO Nr. 1000

BERLIN, im Dezember 1923.
W. 8.

Wir beehren uns, Ihnen mitzuteilen, daß unsere Zweigniederlassung in Konstantinopel unter der Firma

DEUTSCHE BANK FILIALE KONSTANTINOPEL

ihren Betrieb wieder aufgenommen hat.

Gleichzeitig geben wir bekannt, daß

Herr **Ernst Jedermann**

zum Direktor und die Herren

Curt Gertig,
Edmund Goldenberg

zu stellvertretenden Direktoren dieser Filiale ernannt worden sind.

Die rechtsverbindliche Zeichnung der Firma Deutsche Bank Filiale Konstantinopel erfolgt, abgesehen von der Zeichnungsbefugnis der ordentlichen und stellvertretenden Vorstandsmitglieder der Gesellschaft, durch die Unterschrift von je zwei ordentlichen oder stellvertretenden Direktionsmitgliedern der Filiale oder je eines derselben in Gemeinschaft mit einem Prokuristen oder Bevollmächtigten.

Ferner haben wir dem Bevollmächtigten der Filiale Konstantinopel

Herrn **Wilhelm Frese**

Prokura erteilt mit der Bestimmung, daß derselbe in Gemeinschaft mit einem ordentlichen oder stellvertretenden Mitgliede der Direktion die Firma „Deutsche Bank Filiale Konstantinopel" zu zeichnen befugt ist.

Weiter ist den Herren

Edwin Steiner,
Philippe Joannides

Handlungsvollmacht erteilt dergestalt, daß jeder der beiden Herren ermächtigt ist, bei folgenden Geschäften

Erteilung von Quittungen,
Ausstellung von Rechnungen und Empfangsbescheinigungen,
Ausstellung und Indossierung von Wechseln, Anweisungen und Schecks,
Indossierung von Lagerscheinen, Schiffsladescheinen und Policen

gemeinschaftlich mit dem anderen oder in Gemeinschaft mit einem anderen in gleichem Umfang bevollmächtigten Herrn die Firma unserer Filiale mit dem Zusatz „i. V." (in Vollmacht) zu zeichnen.

Von den umstehenden Handzeichnungen der genannten Herren bitten wir Kenntnis zu nehmen. Die früher bekanntgegebenen Unterschriften treten damit außer Kraft.

Hochachtungsvoll

DEUTSCHE BANK

Michalowsky. **Herrmann.**

Rundschreiben der Deutschen Bank vom Dezember 1923 zur Wiedereröffnung der Filiale Konstantinopel.

hatten türkische Inhaber, während 13, darunter die Filiale der Deutschen Bank, in ausländischem Besitz waren. Die Auslandsbanken widmeten sich mehrheitlich der Außenhandelsfinanzierung und betreuten die in der Türkei tätigen internationalen Unternehmen. Türkische Firmen gehörten dagegen kaum zu ihrem Kundenkreis. Da die türkischen Banken relativ klein und kapitalschwach waren, wurden staatliche Großbanken gegründet, die noch heute über die größten Marktanteile der türkischen Geschäftsbanken verfügen. Die türkische Zentralbank entstand 1931, wenige Jahre nach der Errichtung staatlicher Geschäftsbanken.

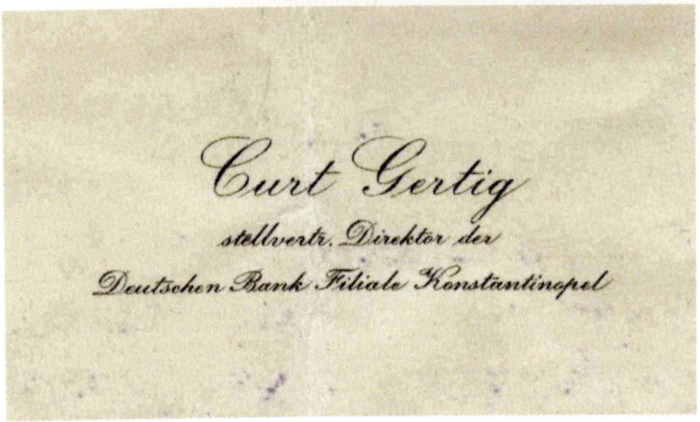

Curt Gertig, Angestellter der Filiale Konstantinopel von 1914 bis 1928, seit 1926 Direktor.

Zum Leiter der wiedereröffneten Filiale der Deutschen Bank wurde Ernst Jedermann ernannt, der jedoch nur bis 1925 in Istanbul blieb. Seine Stellvertreter waren Curt Gertig und Edmond Goldenberg. Beide verfügten bereits über mehrjährige Erfahrung im Türkeigeschäft. Über Gertigs Werdegang, der von 1926 bis 1928 als Nachfolger Jedermanns an der Spitze der Filiale stand, sind einige Details bekannt. Er hatte seine Karriere 1905 bei der Disconto-Gesellschaft in Berlin und London begonnen und war im Juli 1910 zur neu eröffneten Filiale Brüssel der Deutschen Bank übergetreten, wo er bis 1914 arbeitete. Danach wurde er zur Filiale Konstantinopel versetzt, wo er 1916 zum Bevollmächtigten und 1918 zum Prokuristen aufstieg. In der Zeit der alliierten Kontrolle stand er im Dienst der Berliner Ausweichstelle der Filiale, um im Dezember 1923 nach Konstantinopel zurückzukehren. 1928 gab er seine dortige Tätigkeit auf und wechselte nach Shanghai zur Deutsch-Asiatischen Bank, an der die Deutsche Bank maßgeblich beteiligt war.

Das Auslandsfilialnetz der Deutschen Bank hatte auch nach der Wiedereröffnung der Filiale Konstantinopel bescheidene Ausmaße. Die vor dem Ersten Weltkrieg bestehenden Niederlassungen in London und Brüssel konnten in der gesamten Zwischenkriegszeit nicht wieder belebt werden,

391

Abteilung A.
Eingegangen 14. DEZ 1928

DEUTSCHE BANK
FILIALE KONSTANTINOPEL

Rechts-Abteilung
Eingegangen: 14 DEZ 1928
Beantwortet:

TELEGRAMM-ADRESSE:
DEUTBANK

KONSTANTINOPEL, den 10. Dezember 1928

Bth

Deutsche Bank Rechts-Abteilung

Briefkopf der Filiale Konstantinopel im Jahr 1928.

so dass außer der Türkei nur in den Niederlanden und in Bulgarien Auslandsfilialen bestanden. Umso wichtiger war die Präsenz in Konstantinopel.

Nach der Wiederaufnahme des Geschäftsbetriebs diente das 1910 bezogene Bürohaus in Galata als Sitz der Filiale. Ende 1928 nutzte die Deutsche Bank jedoch die Schließung der Niederlassung der Ionian Bank in Konstantinopel, um einen Teil der Kundschaft und das Geschäftslokal dieser Bank in Stamboul zu übernehmen, das sich in der Kütüphane Caddesi 42/44, ganz in der Nähe der 1919 geschlossenen Filiale, befand. In diesem Gebäude wurden sowohl die Direktion als auch die laufenden Abteilungen untergebracht. Die bisherigen Geschäftsräume der Deutschen Bank in Galata, die von der Anatolischen Eisenbahn-Gesellschaft angemietet waren, wurden als Zweigstelle fortgeführt, die vor allem den Bedürfnissen der nach Istanbul Reisenden dienen sollte. Nach dem Verkauf dieses Gebäudes an das türkische Alkohol-Monopol wurde der Filiale zum 1. Oktober 1930 gekündigt. Ein neues Quartier für die Zweigstelle in Galata wurde nur einige Meter entfernt im Minerva Han in der Voyvoda Caddesi 72 gefunden.

Dieses schmale, aber mit seiner von blauen Fliesen geschmückten Rundfassade auffallend schöne Geschäftshaus war von 1911 bis 1913 erbaut und zuletzt von der Bank of Athens genutzt worden.
Die in London ansässige Ionian Bank hatte sich zur Aufgabe ihrer Niederlassung entschlossen, da das Geschäft zwischen England und der Türkei sowie zwischen Griechenland und der Türkei rückläufig war. 1932 folgte der Crédit Lyonnais diesem Schritt und schloss nach über 50jähriger Tätigkeit seine Filiale in Istanbul. Selbst über die Räumung der ältesten und vornehmsten anglo-französischen Bank im Orient, der Ottoman Bank, wurde bereits spekuliert.

Die 1930 bezogene Zweigstelle Galata im Minerva Han. Das Wort »Deutsche« wurde nach den Regeln der türkischen Phonetik »Doyçe« geschrieben.

Generell galt die Lage der Auslandsbanken in der Türkei als schwierig, da die Regierung auf die Zusammensetzung des Personals Einfluss nahm und auf Buchführung in türkischer Sprache und ständiger Kontrolle bestand. Auch die Umbenennung der Filiale der Deutschen Bank Ende des Jahres 1929 gehörte zu diesen behördlichen Auflagen. Durch die Umbenennung verschiedener Städte in der Türkei, darunter auch die von Konstantinopel in Istanbul, änderte die Niederlassung ihre Bezeichnung in Deutsche Bank Filiale Istanbul. Alle anderen Stellen wurden angewiesen, die neue Anschrift zu verwenden, die die türkische Post verlangte.

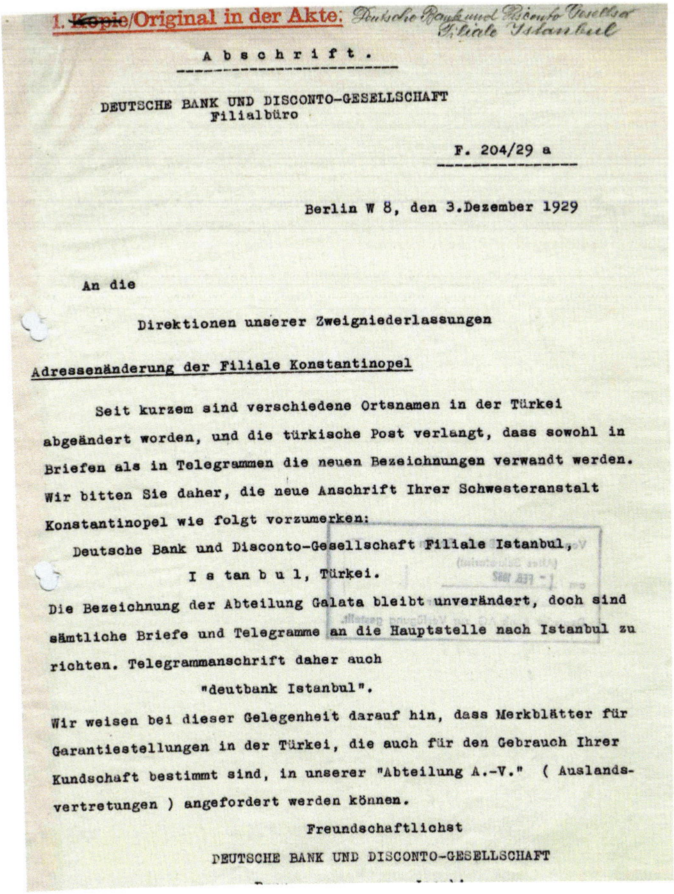
1. ~~Kopie~~/Original in der Akte: Deutsche Bank und Disconto Gesellschaft Filiale Istanbul

Abschrift.

DEUTSCHE BANK UND DISCONTO-GESELLSCHAFT
Filialbüro

F. 204/29 a

Berlin W 8, den 3.Dezember 1929

An die

Direktionen unserer Zweigniederlassungen

Adressenänderung der Filiale Konstantinopel

Seit kurzem sind verschiedene Ortsnamen in der Türkei abgeändert worden, und die türkische Post verlangt, dass sowohl in Briefen als in Telegrammen die neuen Bezeichnungen verwandt werden. Wir bitten Sie daher, die neue Anschrift Ihrer Schwesteranstalt Konstantinopel wie folgt vorzumerken:

Deutsche Bank und Disconto-Gesellschaft Filiale Istanbul,
I s tan b u l, Türkei.

Die Bezeichnung der Abteilung Galata bleibt unverändert, doch sind sämtliche Briefe und Telegramme an die Hauptstelle nach Istanbul zu richten. Telegrammanschrift daher auch

"deutbank Istanbul".

Wir weisen bei dieser Gelegenheit darauf hin, dass Merkblätter für Garantiestellungen in der Türkei, die auch für den Gebrauch Ihrer Kundschaft bestimmt sind, in unserer "Abteilung A.-V." (Auslandsvertretungen) angefordert werden können.

Freundschaftlichst
DEUTSCHE BANK UND DISCONTO-GESELLSCHAFT

Rundschreiben zur Umbenennung in »Deutsche Bank Filiale Istanbul« vom Dezember 1929.

Trotz dieser Auflagen waren das Personal und die Kundschaft der Filiale weiterhin stark international geprägt. Deutsche, Türken, Griechen und Italiener arbeiteten Hand in Hand. Exemplarisch seien hier zwei Angestellte näher vorgestellt:

Der aus italienischer Familie stammende Louis Rosolato wurde 1895 in Konstantinopel geboren. Sein Vater war bei der Generalverwaltung der Leuchttürme des Osmanischen Reichs als Chefbuchhalter beschäftigt. Er besuchte zunächst eine französische Schule, wechselte aber im fünften Jahr an eine deutsche Realschule. 1916 trat er als Buchhalter in die Filiale Konstantinopel ein. Als

Louis Rosolato, Angestellter der Filiale Istanbul.

die Filiale 1919 unter die Verwaltung der Alliierten gestellt wurde, schied er zunächst auf eigenen Wunsch aus dem Dienst der Deutschen Bank aus, gehörte aber nach der Wiedereröffnung der Niederlassung am Bosporus 1924 zu den ersten Angestellten, die zurückkehrten. Nach wenigen Jahren stieg er zum Oberbuchhalter auf. Bis zur Schließung der Filiale Istanbul durch die türkischen Behörden am Ende des Zweiten Weltkrieges blieb Rosolato in Diensten der Deutschen Bank, die ihn als bilanzsicheren, mit den türkischen Steuergesetzen vertrauten Buchhalter sehr schätzte.

Louis Rosolato war unter den Mitarbeitern der Filiale längst etabliert, als Ende 1926 der dreizehn Jahre jüngere Hayri Atatop als Lehrling in die Deutsche Bank eintrat. Er stammte aus einer angesehenen Offiziersfamilie – sein Großvater war Admiral und sein Vater General der Artillerie – mit starker Affinität zu Deutschland. Der Vater wollte daher, dass sein Sohn für eine deutsche Firma tätig werde und arrangierte ein Treffen mit dem stellvertretenden Filialleiter Edmond Goldenberg. Am nächsten Tag begann er seine Ausbildung in der Buchhaltung. Nur sechs Monate später gehörte Atatop zu den Festangestellten der Filiale. Zunächst war er als Kassierer tätig, durchlief aber nach und nach alle Abteilungen. Seine Vorgesetzten charakterisierten ihn als »entwicklungsfähigen, türkischen, muselmanischen Bankange-

Hayri Atatop, fotografiert am 25. November 1932.

stellten« mit »guten Umgangsformen«. Nach der Internierung der deutschen Angestellten im September 1944 wurde Atatop zum Leiter der Dokumenten-Abteilung ernannt. Er gehörte zu den Angestellten der Filiale Istanbul, auf deren Erfahrung die Bank auch in der Nachkriegszeit zurückgreifen konnte. Noch 1988 im Alter von 80 Jahren war sein Rat gefragt.

Ein Bericht über den Geschäftsbetrieb der Filiale, der 1930 in der Mitarbeiterzeitschrift der Deutschen Bank erschien, vermittelt ein anschauliches Bild von der lebhaften, internationalen Atmosphäre, die in den Geschäftsräumen der Niederlassung herrschte:

»Der Vielgestaltigkeit der Kundschaft entspricht die Verschiedenartigkeit der Sprache. ‚O dass ich tausend Zungen hätte', scheint hier Wirklichkeit geworden zu sein. Beobachten wir beispielsweise den Leiter der Kontokorrent-Abteilung. Eben noch hat er mit dem alten ehrwürdigen Herrn in französischer Sprache verhandelt, da klingelt das Telephon, und in demselben Atemzuge antwortet er auf Griechisch. Jetzt wendet er sich wieder seinem lebhaft besetzten Schalter zu, an dem er nun in türkischer Sprache einem hiesigen Teppichhändler auseinanderzusetzen versucht, warum er bei der Kontoeröffnung die Geschäftsbedingungen unterzeichnen muß, eine nicht ganz einfache Angelegenheit, denn der Kunde weigert sich standhaft, ein ganzes ‚Bibelbuch' wie er es nennt, durchzulesen. [...].

Wenden wir uns nun der Devisen-Abteilung – den ‚Change Effendiler' – zu, deren Chef soeben bittere Vorwürfe einstecken muß wegen der letzten Diskontherabsetzung in London, die natürlich auch hier eine Ermäßigung der Habenzinsen in Pfund Sterling mit sich gebracht hat. Hier erscheint jetzt ein deutscher Geschäftsreisender stolz mit dem Kreditbrief der Zentrale, auf den er Reichsmark abheben möchte, und ist natürlich nicht wenig erstaunt, als er erfährt, daß er Reichsmark an Stelle von türkischen Pfunden nur mit Erlaubnis des Devisenkommissars erhalten kann. [...].
Schließlich werfen wir noch einen Blick in die Korrespondenz-Abteilung mit Übersetzungsbüro, die alle Geschäfte mit dem Kunden in seiner Sprache zu bestätigen hat. Briands Plan der friedlichen Zusammenarbeit der europäischen Nationen scheint hier eine bessere Aufnahme gefunden zu haben als in der hohen Politik, denn die Vertreter von nicht weniger als sieben verschiedenen Nationen hat man hier zu gemeinsamer Arbeit dicht nebeneinander gesetzt. Man wundert sich, dass sich noch alles in einer Sprache verständigen kann.«

Nach dem Weggang von Curt Gertig trat der bisherige stellvertretende Direktor Edmond Goldenberg an die Spitze der Filiale. Über Goldenberg ist nur wenig bekannt. Er wurde 1890 in Istanbul geboren und stammte aus einer jüdischen Familie. Seit Anfang 1911 war er in der Filiale Istanbul tätig, hatte während des Ersten Weltkrieges Prokura erhalten und war bei der Wiedereröffnung der Filiale mit nur 33 Jahren zum stellvertretenden Direktor aufgestiegen. Nach der Machtübernahme der Nationalsozialisten in Deutschland 1933 wurde immer wieder seine Ablösung gefordert. 1938 wurde diesem Druck nachgegeben, und Goldenberg musste aus der Bank ausscheiden.

Hans Weidtman,
Direktor der Filiale Istanbul
von 1931 bis 1944.

Seit 1931 war Hans Weidtman als zweiter Direktor bei der Filiale Istanbul. Nach einer Banklehre (1911-1913) bei der Filiale Aachen der Bergisch Märkischen Bank – wo übrigens auch der erste Direktor der Filiale Istanbul, Otto Kaufmann, seine Ausbildung erhalten hatte – arbeitete er für ein Jahr bei einer Bank in Brüssel. Während des Ersten Weltkrieges war er Soldat. Ende 1918 kehrte er in seinen Zivilberuf zurück, war in mehreren Inlandsfilialen der Deutschen Bank tätig, bevor er 1925 als stellvertretender Direktor zur Filiale Sofia der Deutschen Bank versetzt wurde, zu deren Direktor er 1929 avancierte. Im März 1931 wechselte er zur Filiale Istanbul.

Die Zusammenarbeit mit dem erfahrenen Goldenberg verlief nicht ohne Spannungen, zumal das Geschäft durch die Weltwirtschafts- und die deutsche Bankenkrise belastet wurde. Nachdem die deutsche Regierung im Juli 1931 zwei Bankfeiertage verhängt hatte, um des Sturms auf die Bankschalter Herr zu werden, kam es auch in Istanbul zu starken Abhebungen bei der Deutschen Bank und der Deutschen Orientbank, die mehrere Tage anhielten. Dank einer Intervention der türkischen Regierung konnte die Lage aber beruhigt werden. Die Regierung stellte beiden Banken, insbesondere aber der Orientbank, deren Muttergesellschaft – die Dresdner Bank – von der Krise besonders betroffen war, mehrere Millionen türkische Pfund zur Verfügung, die erst später aus verschiedenen Verbindlichkeiten der Regierung gegenüber den Banken fällig geworden wären. Die Lage der Istanbuler Filiale der Deutschen Bank blieb dennoch kritisch. Man war bereits zufrieden, das Jahr 1933 mit einem Gewinn von lediglich 20.000 Reichsmark abschließen zu können.

Das Hauptbetätigungsfeld der Filiale war die Finanzierung des deutsch-türkischen Handels. Die Bank besorgte die erforderlichen Exportdokumente, erledigte das Wechselinkasso und gewährte deutschen Einkaufsgesellschaften Kredite. Ein wichtiger Kunde war der Zigarettenhersteller Philipp Reemtsma, der in der Türkei eine Einkaufsstelle für Tabak unterhielt. Der in Deutschland konsumierte Tabak stammte in erster Linie aus der Türkei oder war zumindest mit türkischem Tabak verschnitten.

Eine besondere Erschwernis für den Geschäftsablauf der Filiale bildeten die deutschen und türkischen Devisenbestimmungen. Die 1931 in Deutschland eingeführte Devisenbewirtschaftung führte beispielsweise dazu, dass die vollständige Auszahlung der Gehälter der deutschen Filialleiter in »freier Reichsmark« nicht gestattet wurde. Über einen beträchtlichen Teil ihres Einkommens konnten sie daher nur in Deutschland verfügen, was in Anbetracht der hohen Lebenshaltungskosten in Istanbul Anlass zu vielen Klagen gab. Auch die türkischen Devisenbestimmungen erschwerten die Geschäftsbeziehungen. Im Unterschied zu anderen außerhalb der Reichsgrenzen liegenden Filialen konnte die Istanbuler Niederlassung ihre Gewinne nicht an die Zentrale abführen.

Goldenbergs Nachfolger wurde Kurt Hausmann, der aus einer Großkaufmannsfamilie aus Palermo stammte. Nach dem Militärdienst im Ersten Weltkrieg trat er 1920 bei der Disconto-Gesellschaft in Berlin in das Bankfach ein. Als die Disconto-Gesellschaft 1929 mit der Deutschen Bank fusionierte, wurde er zur Filiale Görlitz und später nach Saalfeld in Thüringen versetzt. Nach fünfjähriger Tätigkeit in dieser Kleinstadt drängte er auf Veränderung. Hermann J. Abs, der im Vorstand der Deutschen Bank für das Auslandsgeschäft zuständig war, hielt Hausmann aufgrund seiner guten Kenntnisse des Italienischen und Französischen geeignet für Istanbul, wo dieser Anfang Oktober 1938 eintraf, um seine neue Aufgabe zu übernehmen.

Die geschäftliche Lage war weiterhin schwierig, hinzu kamen politische Spannungen. Am Vorabend des Zweiten Weltkrieges hatte die Leitung der Filiale Istanbul den Eindruck, dass sich die Türkei in das englische Lager begebe oder zumindest die Be-

Kurt Hausmann, Direktor der Filiale Istanbul von 1938 bis 1944.

ziehungen zu Deutschland abbreche. Weidtman berichtete an Abs nach Berlin: »Der englische Intelligence bzw. Secret Service ist hier nicht untätig und die Stimmung uns Deutschen gegenüber denkbar schlecht. Die türkische Presse ist abscheulich.« Die Bankmitarbeiter saßen zum Jahresende 1939 auf gepackten Koffern und bereiteten sich darauf vor, die wichtigsten Akten nach Sofia zu schicken.

Mit der Berufung des früheren Reichskanzlers Franz von Papen zum deutschen Botschafter in der Türkei, der im Ersten Weltkrieg in der osmanischen Armee gedient hatte, verbesserte sich das politische Klima. Am 18. Juni 1941 wurde der deutsch-türkische Nichtangriffspakt unterzeichnet, dem am 9. Oktober 1941 ein deutsch-türkisches Handelsabkommen folgte. Weidtman rühmte sich seiner ausgezeichneten Beziehungen zu Botschafter von Papen, der Weidtmans Abkommandierung zum Militärattaché in Ankara widersprach, weil er »auf dem Posten in der Bank wichtiger sei«.

Die Zweigstelle der Deutschen Bank in Galata 1943.

Botschafter von Papen wurde auch Kunde der Deutschen Bank in Istanbul, wie er bereits zuvor in Deutschland mit der Bank und ihren Filialen gearbeitet hatte. Seit August 1942 erwarb er Gold von der Filiale Istanbul, das er in ihrem Tresor deponierte. Diese Goldtransaktionen der Deutschen

Bank während des Zweiten Weltkrieges, über die lange so gut wie nichts bekannt war, waren vor mehr als zehn Jahren Gegenstand einer detaillierten Untersuchung der Historikerkommission zur Erforschung der Geschichte der Deutschen Bank in der NS-Zeit.

Am 3. August 1944 kam es zum Abbruch der deutsch-türkischen Beziehungen. Als unmittelbare Folge wurde die deutsche Filialleitung durch die türkischen Behörden interniert. Bis April 1945 war Weidtman mit seiner Familie in dem Internierungslager Yeniköy, von wo sie in das Lager »Deutsche Schule« verlegt wurden. In beiden Lagern war Weidtman Lagerleiter. Die türkischen Stellen beschrieb er später als sehr zuvorkommend. Im Juli 1945 wurde das Lager »Deutsche Schule« aufgelöst und die Insassen in drei Gruppen auf die Provinz verteilt. Die Familie Weidtman kam in das Provinzstädtchen Kirşehir und genoss dort völlige Bewegungsfreiheit. Während Frau und Kinder 1946 wieder in ihr ehemaliges Haus nach Istanbul zurückkehren konnten, wurde Hans Weidtman an die US-Streitkräfte ausgeliefert, die ihn und seinen Kollegen Kurt Hausmann im Juli 1946 per Schiff in ein amerikanisches Lager bei Pisa in Italien verlegten. Von dort wurden beide in das Internierungslager Hohenasperg bei Stuttgart gebracht, wo sie von der Investigation Branch der OMGUS Finance Division ausführlich über die Filiale Istanbul vernommen wurden. Im Dezember 1946 wurden sie aus dem Internierungslager entlassen. Da eine Rückkehr in die Türkei zunächst nicht möglich war, übernahm Weidtman bis 1951 die neu eröffnete Vertretung der belgischen Société Générale in Frankfurt am Main. Anschließend kehrte er nach Istanbul zurück, um dort als Handelsvertreter verschiedener amerikanischer Firmen und als Berater für türkische Banken tätig zu sein. Außerdem war er beratend bei der Liquidation der ehemaligen Filiale Istanbul der Deutschen Bank behilflich. Hausmann wurde im Juli 1948 stellvertretender Direktor der Filiale Krefeld. Dort war er bis zu seiner Pensionierung 1956 beschäftigt.

Nachdem die beiden Leiter der Filiale Istanbul interniert worden waren, ging die Geschäftsleitung von den Direktoren auf die Prokuristen Antoine Iatrou und Feridun Vehbi Karacalar sowie auf den Rechtsanwalt der Filiale, Celal Sofu, über. Unter dessen Vorsitz trat im November 1944 ein bankinterner Ausschuss zur Schließung der Filiale zusammen. Sofu berichtete über ein Treffen, das zwischen dem Direktor der Deutschen Orientbank, Sadi Bey, und dem türkischen Finanzminister in Ankara stattgefunden habe. Dabei wurde bekannt, dass der Ministerrat in Folge des Abbruchs der Beziehungen mit Deutschland die Stilllegung aller deutschen Unternehmen beschlossen hatte. Die Auflösung von Handelsfirmen, Versicherungsgesellschaften und Repräsentanzen wurde dem Handelsministerium übertragen, während das Finanzministerium mit der Auflösung der beiden deutschen Banken beauftragt wurde.
Um dem Regierungswillen nachzukommen, beschloss der Ausschuss ein Maßnahmenpaket zur

Stilllegung der Filiale. Die Zweigstelle in Galata, deren Geschäftslokal gemietet war, wurde dem Hausbesitzer zurückgegeben und die darin befindlichen Unterlagen in die Hauptgeschäftsstelle ins Zentrum von Istanbul überführt. Die Kontokorrent-Abteilung sollte Kunden, die über Guthaben verfügten, bitten, diese abzuheben. Das Gleiche galt für Kunden, die über Wertpapierdepots verfügten. Neue Schließfächer wurden nicht mehr vermietet. Die bisherigen Mieter von Schließfächern wurden gebeten, deren Inhalt bei anderen Banken zu deponieren. Die noch verbliebenen Angestellten sollten nach einem festgelegten Plan entlassen werden, und schließlich sollten alle über dem Eingang der Bank befindlichen Schilder entfernt werden. Diese Maßnahmen wurde bis Mitte Juli 1945 in die Tat umgesetzt. Wertpapiere wurde dabei in großem Umfang der türkischen Zentralbank übergeben, die verbliebenen Wertpapiere wurden im Tresor eingeschlossen. Ein vom Finanzministerium delegierter Inspektor nahm den Bestand auf und versiegelte sämtliche Bücher, Archive, Dokumente und Garantien. Die Deutsche Bank Filiale Istanbul hatte damit de facto zu bestehen aufgehört, wenn sie auch noch fast drei Jahrzehnte lang ein Schattendasein führen sollte.

5. Die Liquidation der Filiale Istanbul und die Repräsentanz der Deutschen Bank in Istanbul

In den ersten Jahren nach dem Zweiten Weltkrieg war der Fortbestand der Deutschen Bank grundsätzlich in Frage gestellt. In der sowjetischen Besatzungszone musste sie noch 1945 ihre Tätigkeit beenden, und in dem Teil Deutschlands, den die drei Westmächte kontrollierten, wurde sie in zehn Teilinstitute zerschlagen.

Visitenkarte des kommissarischen Leiters der Filiale Istanbul, Anton bzw. Antoine Iatrou.

Unter diesen Umständen musste die Klärung des Schwebezustands, in dem sich die Filiale Istanbul befand, nebensächlich erscheinen. Hinzu kam, dass die Türkei den Versand von Geschäftsbriefen nach Deutschland bis zum Frühjahr 1947 untersagte. Erst dann konnte der kommissarische Leiter Antoine Iatrou, anstelle des im gleichen Jahr verstorbenen Generalbevollmächtigten Celal Sofu, den Führungsstab der Deutschen Bank in Hamburg über das Geschehen seit Kriegsende informieren. Iatrou, der seit 1924 für die Filiale Istanbul tätig war, harrte mit seinem Kollegen Feridun Vehbi Karacalar und drei weiteren Angestellten im ehemaligen Hauptgeschäftslokal in Istanbul (Kütüphane Caddesi, Ankara-Konya Han) aus. Sie saßen im ersten Stock, während die Schalter im Erdgeschoss bei heruntergezogenen Rollläden geschlossen waren und ungenutzt blieben. Ein und aus ging man durch die Hintertür.

Die ungenutzten Räume weckten Begehrlichkeiten. Von türkischen Banken wurde nichts unversucht gelassen, die Filiale zur Aufgabe ihres Geschäftslokals zu bewegen. Als zum Jahresende 1947 der auslaufende Mietvertrag nicht verlängert wurde, begannen jahrelange Auseinandersetzungen. Das Mobiliar und die Büromaschinen gingen zu dieser Zeit größtenteils an die neu gegründete Türkiye Kredi Bankası, die mit Zustimmung des Hamburger Führungsstabs die Ausstattung erwarb. Die Türkiye Kredi Bankası akquirierte nicht nur das Mobiliar der Istanbuler Filiale der Deutschen Bank, sondern auch einen Teil ihrer Angestellten. Zu ihrem stellvertretenden Generaldirektor ernannte die neue türkische Kreditbank Edmond Goldenberg, den früheren Filialleiter, der 1938 hatte ausscheiden müssen. Das gleiche Institut warb auch die Angestellten Iatrou, Rosolato und Atatop an, die sich fortan in einem doppelten Beschäftigungsverhältnis befanden. Die Deutsche Bank tolerierte diesen Zustand. Man war sich darüber im Klaren, auf die Unterstützung dieser erfahrenen Mitarbeiter auch zukünftig angewiesen zu sein und keine Alternative zu besitzen. Dieser Zustand zog sich über Jahre hin und trieb bisweilen bizarre Blüten. So berichtete der ehemalige Filialdirektor Kurt Hausmann, der die Filiale Mitte 1951 besuchte, dass ein Teil der verbliebenen sieben Angestellten um die Mittagszeit in die Bank käme, um festzustellen, dass nichts vorliege, und anschließend in den Räumen der Bank das Mittagessen einzunehmen. Der Prokurist Karacalar verzichtete auch auf diese Geste.

Er hatte sich inzwischen selbständig gemacht und trug sich mit der Absicht, aus der Deutschen Bank auszuscheiden.
Angesichts der Personalprobleme nahm die Deutsche Bank wieder Kontakt zu Edmond Goldenberg auf. Offenbar hatte man trotz seines erzwungenen Ausscheidens ein freundschaftliches Verhältnis bewahrt. Als Ende 1952 Iatrou überraschend starb, und damit nur noch Karacalar für die Filiale zeichnungsberechtigt war, wurde die Vollmacht für Goldenberg erneuert. Der Dauerkonflikt mit dem Eigentümer des Geschäftshauses nahm ihn sofort in Anspruch. Bald hatte er sich gegen eine Räumungsklage des Eigentümers zur Wehr zu setzen. Anfang 1954 zeichnete sich ab, dass der Prozess in der Mietsache zu Ungunsten der Bank ausgehen werde. Goldenberg strebte deshalb einen Vergleich an, der ihm erlaubte, in Ruhe nach einen Ausweichquartier Ausschau zu halten. Die Suche nach einem Büro erwies sich allerdings als schwierig, zumal nicht nur die umfangreichen Akten und Geschäftsbücher der Filiale darin Platz finden mussten, sondern auch die neue Repräsentanz, zur deren Gründung sich die westdeutschen Nachfolgeinstitute der Deutschen Bank inzwischen entschlossen hatten. Von der Idee, die Filiale Istanbul wiederaufleben zu lassen, hatte man sich inzwischen verabschiedet.
Zum ersten Leiter der Repräsentanz wurde Edmond Goldenberg ernannt, der fortan in Personalunion für die ruhende Filiale und die neue Vertretung in Istanbul zuständig war. Diese Doppelfunktion sollten auch Goldenbergs Nachfolger

ausüben. In einem Rundschreiben an »die am Geschäft mit der Türkei interessierten Kunden« informierte die Süddeutsche Bank, eines der drei Nachfolgeinstitute, dass am 1. September 1954 eine eigene Vertretung in Istanbul eröffnet werde. »In einer Zeit«, so hieß es in dem Schreiben weiter, »in der die Bearbeitung des türkischen Geschäftes gewissen Schwierigkeiten begegnet«, wolle man »an eine Jahrzehnte alte Tradition der besonderen Betreuung des türkischen Geschäfts durch die Deutsche Bank und ihre Nachfolgeinstitute« anschließen. Den in der Türkei tätigen Kunden wurde angeboten, die Dienste der Vertretung Istanbul zu nutzen und sich insbesondere bei Türkeireisen mit dem Leiter der Repräsentanz in Verbindung zu setzen.

Ende April 1954 mietete Goldenberg ein Stockwerk mit neun Zimmern und Nebenräumen und einem dazu gehörenden sehr geräumigen Keller im Istanbuler Stadtteil Beyoğlu (Asmalı Mescit, Kamhi Han N. 5) gegenüber dem Pera Palace Hotel. Der Umzug in das neue Büro fand Mitte Juli 1954 statt. Zwei Beamte des Finanzministeriums, davon einer im alten Lokal und einer im neuen, überwachten den Transport, für den rund 40 Lastwagenfuhren gebraucht wurden. Beim Umzug der Archive zeigte sich, dass Wasser eingedrungen war und die Akten zum größten Teil durchnässt, teilweise sogar verfault waren. Die von Goldenberg verlangte Vernichtung dieser Akten wurde vom Finanzministerium nicht bewilligt. Da die neuen Archivräume sogleich wieder versiegelt wurden, war keine Zeit zum Sortieren der Unterlagen.

Als schließlich Ende 1959 die Liquidation der Filiale Istanbul begann und die Versiegelung der Räume aufgehoben wurde, wies Goldenberg auf die Mühe hin, die es kosten werde, die Archive in einen brauchbaren Zustand zu versetzen und die komplizierten türkischen Bestimmungen zu befolgen. Er selbst erlebte den Fortschritt der Liquidation nicht mehr. Goldenberg starb Anfang Dezember 1960, kurz vor seinem 70. Geburtstag, in Heidelberg, wo er sich hatte ärztlich behandeln lassen. Nur wenige Tage zuvor war ihm das Große Bundesverdienstkreuz verliehen worden.

Für eine Übergangszeit von einigen Monaten lag die Führung der gesamten Korrespondenz in den Händen einer Sekretärin, die lediglich von dem früheren Prokuristen Louis Rosolato unterstützt wurde, der auch interimistisch als Liquidator der Filiale bestellt wurde. Im April 1961 traf Theodor Barth in Istanbul ein, um Goldenbergs Doppelrolle als Liquidator und Repräsentant zu übernehmen. Barth war Österreicher, hatte als junger Offizier am Ersten Weltkrieg teilgenommen und war nach dem Jurastudium ins Bankfach eingetreten. Nach drei Jahren bei der Österreichischen Creditanstalt wechselte er 1924 zur Deutschen Bank nach Istanbul, dort erhielt er 1935 Prokura und wurde 1938 zum stellvertretenden Direktor ernannt. Bis 1944 blieb er in der Türkei, wo er offenbar in Kontakt zu amerikanischen Geheimdienstkreisen stand, was nach der Rückkehr nach Wien zu seiner Verhaftung führte. Barth überstand Haft und Verhöre der Gestapo und wurde in den Nachkriegsjahren nochmals für die Creditanstalt tätig, bis ihn sein Berufsweg ein weiteres Mal nach Istanbul führte. Barth war 72 Jahre alt, als er 1968 in Pension ging und die Leitung der Repräsentanz an Wolfgang Arendt abtrat, der von der Auslandsabteilung der Frankfurter Zentrale nach Istanbul entstand wurde. Arendt wurde zwar auch zum Liquidator der Filiale ernannt, doch Barth unterstützte ihn bei Besuchen in Istanbul in dieser Funktion.

Mit Arendt war erstmals ein Repräsentant nach Istanbul gekommen, der nicht bereits vor dem Krieg für die Filiale tätig gewesen war. Den Schwerpunkt seiner von 1965 bis 1969 währenden Tätigkeit bildete dementsprechend die Leitung der Vertretung, zumal sich die Liquidation ihrem Ende näherte. Die Aufgaben des Repräsentanten in Istanbul waren vielfältig. Zunächst galt es die vielen Fragen zu beantworten, die seitens der damaligen drei Zentralen der Bank in Frankfurt, Düsseldorf und Hamburg an den Vertreter gerichtet wurden. Sie betrafen ein breites Spektrum des politischen und wirtschaftlichen Geschehens. Oft ging es auch darum, für Kunden der Bank Auskünfte über türkische Geschäftspartner zu beschaffen.

Außerdem stand der Vertreter in Istanbul der in die Türkei reisenden Kundschaft der Deutschen

Visitenkarte von Theodor Barth als Liquidator der Filiale Istanbul.

Wolfgang Arendt, Leiter der Repräsentanz von 1965 bis 1969.

Bank zur Verfügung. Nachdem die Türkei 1963 mit der EWG ein Assoziierungsabkommen abgeschlossen hatte, begannen sich viele deutsche Firmen aus Industrie und Handel für das Türkeigeschäft zu interessieren. Soweit sie dem Kundenkreis der Deutschen Bank angehörten, war deren Vertretung in Istanbul ihre erste Anlaufstelle.
Schließlich gehörte es auch zu den Aufgaben der Repräsentanten, den Kontakt zur türkischen Zentralbank und den Hauptniederlassungen der führenden türkischen Geschäftsbanken zu halten. Dazu waren regelmäßige Besuche auch in Ankara erforderlich, um an wichtige Informationen zu gelangen. Die Gespräche konnten meist auf Deutsch geführt werden, hatten doch viele der Verantwortlichen in Verwaltung und Wirtschaft in den zwanziger und dreißiger Jahren in Deutschland studiert. In den großen Hafenstädten besuchte der Repräsentant sogar die Filialen der türkischen Geschäftsbanken, um Akkreditive für deutsche Firmen zu vermitteln. »Als Mund und Ohr in beide Richtungen«, beschrieb Arendt zusammenfassend seine Funktion in Istanbul. Zum Jahresende 1969 kehrte Arendt in die Frankfurter Zentrale der Bank zurück, um dort in der Exportfinanzierung tätig zu werden. Liquidator der Filiale blieb er noch bis zum endgültigen Abschluß der Liquidation.
Sein Nachfolger als Repräsentant wurde Knut Witschel, der zuvor bei den Filialen Mainz und Koblenz tätig gewesen war. Zu Witschels ersten Aufgaben in Istanbul gehörte, nach einem angemesseneren Büro zur Unterbringung der Repräsentanz zu suchen. Es sollte sich außerhalb des Vergnügungs-

viertels befinden, zu dem sich die Gegend um das Pera Palace Hotel inzwischen entwickelt hatte. Hinzu kam, dass das bisherige Büro in Beyoğlu hauptsächlich durch die noch laufenden Liquidationsarbeiten und die Aufbewahrung der Akten der Filiale in Anspruch genommen wurde. Geeignete Räume wurden in Istanbul-Harbiye in der Cumhuriyet Caddesi 283/3, einer breiten Hauptverkehrsachse nordöstlich des Taksim-Platzes, gefunden. Im Mai 1971 bezog die Repräsentanz dort im ersten Stock ein 180 Quadratmeter großes Büro, das für ihre Anforderungen umgebaut wurde. Als wenige Monate später das neue Büro von zwei Direktoren der Auslandsabteilung, darunter das spätere Vorstandsmitglied Werner Blessing, besucht

In der Cumhuriyet Caddesi 283/3 bezog die Repräsentanz Istanbul 1971 neue Büroräume, die sie bis 1986 nutzen sollte.

wurde, lobten diese die gediegenen und praktisch eingerichteten Räume, die auch die Anerkennung der türkischen Geschäftsfreunde gefunden hätten.

In dem bisherigen Büro in Beyoğlu blieb die in Liquidation befindliche Filiale, was man nach außen durch das Anbringen eines Schildes mit der Aufschrift »T.H. Doyce Bank Istanbul Şubesi« zum Ausdruck brachte. Nach Abwicklung sämtlicher Verbindlichkeiten konnte die Liquidation am 15. Oktober 1972 mit der türkischen Schlussbilanz abgeschlossen werden, und am 16. August 1973 wurde die Filiale schließlich auch im Handelsregister Istanbul gelöscht. Seit ihrer Schließung im Sommer 1944 waren 29 Jahre vergangen. Das Büro in Beyoğlu wurde aufgelöst und bis Ende August 1973 geräumt. Das Mobiliar wurde einem Althändler für Ltq. 7.000 verkauft. Der Anwalt Hakki Karamete, der die Liquidation juristisch begleitet hatte, übernahm den Telefonanschluss für Ltq. 6.000 im Wege der Verrechnung gegen künftig fällige Beratungshonorare.
Die Aufgaben des Repräsentanten wurden mit der Entdeckung der Türkei als Exportmarkt und Produktionsstandort vielfältiger. Zugleich wurde das Land von der deutschen Industrie auch als Sprungbrett für die Erschließung weiterer Absatzmärkte im Nahen Osten gesehen. Das Volumen der Handelsfinanzierungen wuchs. Zugleich gelang es auch, türkische Industrielle für die Vermögensverwaltung der Deutschen Bank zu interessieren. Diese in den siebziger Jahren geknüpften ersten Kontakte führten rund zwei Jahrzehnte

später sogar zu türkischen Direktinvestitionen in Deutschland.
Witschel blieb bis 1974 in Istanbul, dann wechselte die Leitung der Repräsentanz häufiger. Ihm folgten bis Ende der siebziger Jahre Wolfgang Hahn, Siegfried Brunnenmiller und Rolf Dieter Fasel. Neben dem Repräsentanten und einem Assistenten, die beide aus Frankfurt entsandt wurden, arbeiteten in der Vertretung zu dieser Zeit noch zwei Sekretärinnen, ein Fahrer und ein Bürobote, die alle die türkische Staatsbürgerschaft besaßen. In den achtziger Jahren nahm die Verweildauer der Repräsentanten in Istanbul wieder zu. Axel Schuffenhauer stand von 1980 bis 1987 an der Spitze der Vertretung. Holger Falke, der ihn ablöste, blieb vier Jahre in der Türkei.

Heutige Straßenansicht des Büros der Repräsentanz Istanbul in der Mete Caddesi 34.

In diese Dekade fiel auch ein weiterer Umzug der Repräsentanz. Angesichts des Gesamtzustands des Gebäudes in der Cumhuriyet Caddesi gab die Frankfurter Zentrale ihre Zustimmung, bei sich bietender Gelegenheit die Büroräume zu wechseln. Anfang 1987 wurde in zentraler Lage am Taksim-Platz, im zweiten Stock der Mete Caddesi 34, ein neues, 130 Quadratmeter großes Büro bezogen. Der siebenstöckige Neubau lag nur etwa zehn Gehminuten von der bisherigen Vertretung entfernt. Schräg gegenüber befand sich das

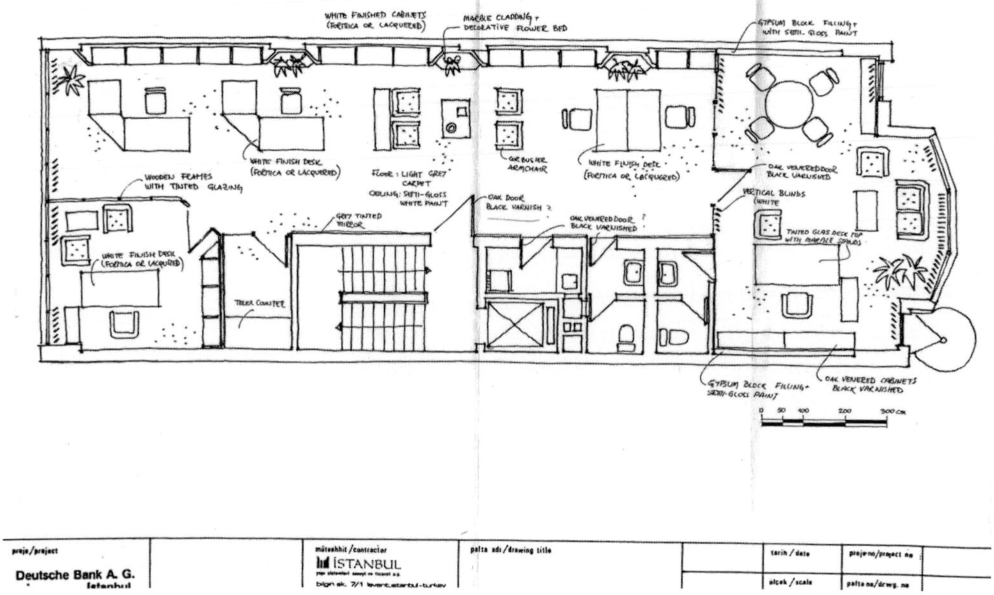

Grundriss des Büros der Repräsentanz Istanbul in der Mete Caddesi 34.

Sheraton-Hotel. In den neunziger Jahren leiteten Konrad Leipziger und Helmut Düker, der 1995 nach Istanbul kam, die Repräsentanz.

Die Akquisition der US-amerikanischen Investmentbank Bankers Trust durch die Deutsche Bank, die 1999 abgeschlossen werden konnte, sollte die weitere Entwicklung der Repräsentanz bestimmen. Bankers Trust verfügte nämlich über eine Tochtergesellschaft in der Türkei, die mit der Akquisition auf die Deutsche Bank überging. Der Repräsentant Helmut Düker und eine Sekretärin bezogen ein Büro im Haus der Tochtergesellschaft, in dem der Bereich Global Institutional Services (GIS) untergebracht war. Die Lizenz für die Repräsentanz wurde aufrechterhalten. Düker blieb in Istanbul bis Markus Slevogt, der 1999 von Genf nach Istanbul gekommen war, schließlich der letzte Repräsentant der Deutsche Bank AG in der Türkei wurde. 2007 wurde die Repräsentanz der Deutschen Bank geschlossen.

Mitarbeiter der Repräsentanz Istanbul im Jahr 1988: sitzend der Pensionär Hayri Atatop, dahinter v.l.n.r. Erding Sayan, Cigdem Aytan, Wolfgang Dresch und Mehmet Zengin.

6. Von der Türk Merchant Bank A.Ş. zur Deutsche Bank A.Ş. und weiteren Konzerngesellschaften

1987 wurde die Türk Merchant Bank A.Ş. (TMB) als Joint Venture gegründet. Ihre Gesellschafter waren der in New York beheimatete Bankers Trust, der 60 % der Aktien übernahm, die größte private türkische Geschäftsbank Türkiye Iş Bankası (Işbank), deren Tochtergesellschaft Dışbank, die zusammen 35 % des Kapitals hielten, und Vural Akışık mit einen Anteil von 5 %. Die TMB war eine der ersten Investmentbanken in der Türkei. Unter Führung von Vural Akışık, einem der erfahrensten türkischen Banker dieser Jahre, war sie darauf ausgerichtet, das weltweite Potential und die Erfahrung von Bankers Trust mit der regionalen Kompetenz der Işbank zu vereinen.

Das Gebäude der Türk Merchant Bank in Bebek, Istanbul, einem gediegenen Stadtteil auf der europäischen Seite des Bosporus.

Die Bank verfügte über eine starke Position im Investmentbanking und konzentrierte sich auf das Kapitalmarktgeschäft, Unternehmensfinanzierung, Anlagemanagement und strukturierte Finanzprodukte. Durch Innovation, unternehmerischen Weitblick, Fähigkeiten im Risikomanagement und ein hohes Maß an persönlicher Betreuung ihrer Kunden erwarb sie sich die Reputation, für alle Aufgaben die richtige Lösung zu finden.

Seit Mitte 1989, ihrem ersten vollständigen Geschäftsjahr, arbeitete die Bank in ihrem komplett renovierten Gebäude im noblen Istanbuler Stadtteil Bebek. Mit Blick auf den Bosporus und umgeben von alten Bäumen stellte dieses historische Gebäude einen repräsentativen und eleganten Rahmen dar, der den besonderen Charakter und die Identität der Bank betonte und sie von anderen Instituten abhob.

Der erste Vorstand der Türk Merchant Bank im Jahr 1988, in der Mitte Vural Akışık.

1992 erhöhte Bankers Trust durch den Erwerb der Beteiligungen der Türkiye Iş Bankası und der Dışbank seinen Anteil an der TMB auf 95 %. Gleichzeitig verringerte Bankers Trust die Tätigkeit seiner Repräsentanz in Istanbul und verlagerte einen Großteil ihrer Funktionen zur Türk Merchant Bank.

Ende 1996 trat Vural Akışık als CEO zurück und im September 1997 endete seine Amtszeit als Chairman. Seine Aktien wurden von Bankers Trust übernommen und der Name der Bank von TMB zu Bankers Trust A.Ş. geändert. Mete Başol, bisher stellvertretender Generaldirektor, Vorstandsmitglied und Vorsitzender des Kreditausschusses, wurde zum CEO und bald auch zum Chairman ernannt.

Ende November 1998 wurde die Übernahme des 1903 in New York entstandenen Bankers Trust durch die Deutsche Bank angekündigt. Der Abschluss der Akquisition mit einem Volumen von etwa 10 Milliarden US-Dollar erfolgte am 4. Juni 1999. Mit der Muttergesellschaft gingen auch die Tochterunternehmen von Bankers Trust auf die Deutsche Bank über. Die türkische Tochtergesellschaft gehörte dabei zu den besonders attraktiven Erwerbungen, hatte doch die Deutsche Bank in der Türkei seit Ende des Zweiten Weltkrieges keine aktive Geschäftseinheit unterhalten. 35 Mitarbeiter unter der Leitung von Mete Başol wurden nun in den übernehmenden Konzern integriert, der im Jahr 2000 die türkischen Geschäftsaktivitäten unter dem Namen »Deutsche Bank A.Ş.« fortsetzte. Zusätzliche Führungsaufgaben im Handel und bei der Betreuung von Kapitalmarktkunden wurden durch Ahmet Arınç und Dalınç Arıburnu übernommen, die das bereits bestehende türkische Kapitalmarktgeschäft in London leiteten.
Nach dem Ausscheiden von Mete Başol im Mai 2001 übernahm mit Dilek Yardım erstmals eine Frau die Leitung der Deutschen Bank in der Türkei. Die Bank hatte bislang mit einer Lizenz für das Investmentbanking gearbeitet, weshalb die Möglichkeiten zur Hereinnahme von Einlagen ihrer Firmenkunden begrenzt waren. Bei der türkischen Bankenaufsicht beantragte die Deutsche Bank die Zulassung zum Einlagengeschäft, die ihr im Oktober 2004 im Zuge einer vollständigen Geschäftsbank-Lizenz erteilt wurde. Dadurch konnte das Dienstleistungsportfolio der Bank erheblich

Angestellte der Deutsche Securities.

erweitert werden. Im folgenden Jahr bot die Bank ihren Kunden auch die Wertpapierverwaltung an, die im Juli 2007 durch die Akquisition des Wertpapierwaltungsgeschäfts der Garanti Bank weiter ausgebaut wurde.
Der Aktienhandel im Kundenauftrag wurde aufgrund der Vorschriften, die das Bankgeschäft strikt vom Aktienhandel trennten, bis ins Jahr 2000 von einer Tochtergesellschaft namens Bankers Trust Menkul Değerler betrieben. Um am wachsenden ausländischen Investitionsvolumen auf dem türkischen Aktienmarkt teilzuhaben, erwarb die Deutsche Bank AG im September 2000 eine 40%ige Beteiligung an Bender Securities, einem der damals erfolgreichsten Aktienmakler, womit die Option verbunden war, auch die verbleibenden 60 % zu übernehmen. Die Deutsche Bank war damit das erste weltweit operierende Institut, das eine Maklerlizenz in der Türkei erwarb. Die Größenordnung der Akquisition war zugleich ein Bekenntnis der Bank zur Türkei und dem Kapitalmarkt des Landes.

Das Gebäude von Bankers Trust A.Ş. wurde von der Deutsche Bank A.Ş. übernommen.

Bankers Trust Menkul Değerler wurde nach dieser Übernahme aufgelöst und der gesamte Aktienhandel im Kundenauftrag fortan von Bender Securities durchgeführt. Die Zusammenarbeit mit Bender Securities erwies sich als sehr erfolgreich. 2005 kaufte die Deutsche Bank die restlichen 60 % der Firma und änderte deren Namen in Deutsche Securities Istanbul (DSI). An ihrer Spitze steht Ahmet Ünüvar, der Bender Securities gründete und der Firma seit 1994 angehört.

2003 gründete die Deutsche Bank AG eine eigenständige Konzerneinheit, die Bebek Varlık Yönetimi A.Ş. (BVY), um notleidende Kredite vom türkischen Einlagensicherungsfonds zu erwerben. Diese war nicht nur die erste Vermögensverwaltungsgesellschaft dieser Art, der Erwerb vom Einlagensicherungsfonds stellte auch die erste

Transaktion dar, bei der notleidende Kredite von einer Vermögensverwaltungsgesellschaft aufgekauft wurden. Die Errichtung der BVY zeugte vom Vertrauen der Deutschen Bank in die Entwicklung der Türkei und war eine Demonstration ihrer wachsenden Stärke bei der Vermittlung türkischer Vermögensanlagen.
2005 bezog die Deutsche Bank A.Ş. ihren gegenwärtigen Geschäftssitz im Tekfen Tower an der Büyükdere Avenue in Levent, Istanbul, wo sie zur Zeit über 3.600 Quadratmeter auf drei Etagen belegt. Nach dem kürzlich stattgefundenen Umzug der DSI befinden sich nun alle Gesellschaften, die vollständig im Besitz der Deutschen Bank sind, im Tekfen Tower. Er liegt mitten in Istanbuls modernem Finanzzentrum, in unmittelbarer Nähe zu fast allen führenden privaten Geschäftsbanken der Türkei. Das Haus erfüllt alle Anforderungen, die im Hinblick auf Effizienz, Ästhetik, Technik, Sicherheit und Service an ein modernes Bürogebäude gestellt werden, und bietet eine einzigartige Arbeitsatmosphäre.

Tekfen Tower.

Der Empfang der Deutsche Bank A.Ş. und der Deutsche Securities im Tekfen Tower.

Angestellte der DD Mortgage.

In der Voraussicht fallender Zinssätze, die Hypothekenfinanzierungen verfügbarer und bezahlbarer machten, arbeitete die Deutsche Bank mit der Doğan Group, der größten Mediengruppe und einer der größten Industriekonzerne der Türkei, zusammen, um 2007 die DD Mortgage Company (DD Konut Finansman A.Ş.) zu errichten. Zweck des Unternehmens ist das Hypothekendarlehensgeschäft mit türkischen Privatkunden. DD Mortgage Company (DDM) arbeitet in einem Gebäude gegenüber dem Tekfen Tower und beschäftigt 49 Angestellte. Die Leitung hat Murat Aysan inne.

2007 wurde Dilek Yardım von Selçuk Yorgancıoğlu als CEO der Deutsche Bank A.Ş. abgelöst, der seit 2000 für die Deutsche Bank tätig war und bis dahin das Investmentgeschäft für türkische Firmenkunden, einschließlich der Bereiche »Fusionen & Übernahmen« und »Firmenfinanzierung« von London aus geleitet hatte. Im Februar 2008 schied er aus der Deutschen Bank aus. Seine Aufgaben übernahm Ersin Akyüz. Nach einer vor fast 20

Jahren bei Bankers Trust begonnenen Karriere im Investmentbanking in London ging Ersin Akyüz zur Deutsche Bank AG London, wo er seit 2005 das Absicherungsgeschäft für türkische Kunden leitete.

Mete Başol.

Heute, nach 100 Jahren direkter Präsenz, ist die Verbundenheit der Deutschen Bank mit der Türkei größer denn je. Sie ist eines der führenden Institute bei der Vermittlung von Landesrisiken an internationale Investoren. Die Bank gehört zum Kreis der zwölf wichtigsten Händler, die sich an der Inlandsversteigerung von Schuldtiteln der türkischen Regierung beteiligen. Sie ist führend beim Handel der türkischen Lira mit Auslandswährungen. Mit einem Marktanteil von 42 % gehört sie zu den beiden stärksten Anbietern von Dienstleistungen im Bereich der Wertpapierverwaltung für internationale Anleger. Sie unterstützt die türkische Wirtschaft mittels Kredit- und Handelsfinanzierungen für die führenden türkischen Unternehmen und stellt vielen Tochterunternehmen deutscher Firmen in der Türkei ähnliche Dienstleistungen zur Verfügung. Durch die DSI ist die Bank auch einer der führenden Makler für ausländische Käufer türkischer Aktien. Durch Bebek Varlık versorgt sie das türkische Bankensystem mit Liquidität beim Verkauf notleidender Kredite. Durch die DDM stellt sie türkischen Privatkunden Hypothekenfinanzierungen zur Verfügung.

Dilek Yardım.

Mit Zuversicht sieht die Deutsche Bank ihrer Zukunft in der Türkei entgegen, in der sie ihr Engagement in dem Land verstärken wird.

Selçuk Yorgancıoğlu.

Jürgen Fitschen
Mitglied des Vorstands der
Deutsche Bank AG
Chairman Deutsche Bank A.Ş.

Ersin Akyüz
Chief Country Officer
CEO & Executive Board Member
Deutsche Bank A.Ş.

Dalınç Arıburnu
Global Head Emerging Markets
Deutsche Bank AG
Board Member
Deutsche Bank A.Ş.

Roselyne Renel
Global Head, CRM GM Corps
Emerging Markets & GB
Deutsche Bank AG
Board Member Deutsche Bank A.Ş.

Ahmet Arınç
Head of Emerging Markets
Global Rates & GFFX
Deutsche Bank AG
Executive Board Member Deutsche
Bank A.Ş.

Kaya Didman
Vice Chairman
Deutsche Bank A.Ş.
Chairman of Audit Committee
DB A.Ş.

Sedat Eratalar
Board Member
Deutsche Bank A.Ş.
Internal Systems

Dinkar Jetley
Global Head Trust & Securities
Services Deutsche Bank AG
Board Member
Deutsche Bank A.Ş.
Member of the Audit
Committee DB A.Ş.

Mehr als 200 Angestellte der drei türkischen Konzerngesellschaften der Deutschen Bank arbeiten seit Mitte 2009 im Tekfen Tower.

Quellen und Literatur

Archive

Archiv des Historischen Instituts der Deutschen Bank, Frankfurt am Main
National Archives, London
Hausarchiv der Sal. Oppenheim jr. & Cie. KGaA, Köln

Literatur

André Autheman, A General Survey of the History of the Imperial Ottoman Bank, in: Philip L. Cottrell (Hrsg.), East Meets West. Banking, Commerce and Investment in the Ottoman Empire, Aldershot 2008, S. 97-108.

Hayri Atatop talks Turkey. Sixty-two years of service with DB Istanbul, in: db-international, 3/1988, S. 38.

Karl Baedeker, Konstantinopel. Balkanstaaten, Kleinasien, Archipel, Cypern, 2. Auflage, Leipzig 1914.

Siegfried Beer, „Arcel/Cassia/Rebird“: Die Widerstandsgruppe Maier-Messner und der amerikanische Kriegsgeheimdienst OSS in Bern, Istanbul und Algier 1943/44, in: Dokumentationsarchiv des österreichischen Widerstands, Jahrbuch 1993, S. 75-100.

Deutsche Auslandsbanken, in: Plutus Briefe zur Fortbildung von Bankbeamten, 5. Jg. 1928, Nr. 4, S. 133.

Deutsche Bank, Geschäftsberichte für die Jahre 1909, 1910, 1911, 1928.

Edhem Eldem, A 135-Year-Old Treasure. Glimpses From the Past in the Ottoman Bank Archives, Istanbul 1998.

Edhem Eldem, Bankalar Caddesi. Osmanlı' dan Günümüze Voyvoda Caddesi / Voyvoda Street from Ottoman Times to Today, Istanbul 2000.

Engagement in der Türkei, in: Forum, Juni/Juli 2005, S. 8.

Lothar Gall u.a., Die Deutsche Bank 1870-1995, München 1995.

Growing the franchise in Turkey, in: Forum, August/September 2004, S. 38f.

Kurt Grunwald / Joachim O. Ronall, Die Bankiers von Galata, in: Tradition, 4/1963, S. 153-163.

Die Konstantinopeler deutschen Banken, in: Frankfurter Zeitung v. 23.7.1931.

Jürgen Lodemann / Manfred Pohl, Die Bagdadbahn. Geschichte und Gegenwart einer berühmten Eisenbahnlinie, Mainz 1989.

OMGUS, Ermittlungen gegen die Deutsche Bank, Nördlingen 1985.

Manfred Pohl / Angelika Raab-Rebentisch, Von Stambul nach Bagdad. Die Geschichte einer berühmten Eisenbahn, München 1999.

Jean Rivoire, Le Credit Lyonnais. Historie d'une banque, Paris 1989.

Rückzug französischer Banken aus der Türkei, in: Deutsche Allgemeine Zeitung v. 26.8.1932.

Jonathan Steinberg, Die Deutsche Bank und ihre Goldtransaktionen während des Zweiten Weltkrieges, München 1998.

Zafer Toprak, The Financial Structure and the Stock Exchange in the Late Ottoman Empire, in: Philip L. Cottrell (Hrsg.), East Meets West. Banking, Commerce and Investment in the Ottoman Empire, Aldershot 2008, S. 143-159.

Dilek Yardım, The Turkish banking sector, in: Marat Terterov/ Phillip Rosenblatt: Turkey. A Business and Investment Review, 2006, S. 27f.

Lothar Zechlin, Eine Stunde in der Filiale Istanbul, in: Monatshefte für die Beamten der Deutschen Bank und Disconto-Gesellschaft, Juli 1930, S. 111f.

Bildnachweis

Agfa Foto-Historama im Wallraf-Richartz-Museum/Museum Ludwig, Köln: 10-11

Annuaire Oriental. Commerce, industrie, administration, magistrature de l'Empire ottoman, 32e année, 1912: 30

Karl Baedeker, Konstantinopel. Balkanstaaten, Kleinasien, Archipel, Cypern, 2. Auflage, Leipzig 1914: 16, 19 (oben)

F. Bamberg, Allgemeine Geschichte der orientalischen Angelegenheiten, Berlin 1892: 32

Bundesarchiv: 43

Deutsche Bank A.Ş., Istanbul: 80-81, 83-89

Deutsche Bank AG, Historisches Institut, Frankfurt am Main: 13-14, 26, 28, 31, 33, 35-37 (oben und Mitte), 38-42, 45, 46 (unten), 47, 53-55, 57-59, 61, 63, 68, 73-75, 77-79

Deutsche Orient-Gesellschaft, Berlin: 48

Deutsches Archäologisches Institut, Abteilung Istanbul: 17 (oben), 20, 37 (unten)

Dünden Bugüne Istanbul Ansiklopedesi, Bd. 2, Istanbul 1993-95: 56

Freunde Historischer Wertpapiere (Drumm, Henseler), Frankfurt am Main: 24

Institut Français d'Etudes Anatoliennes: 17 (unten), 18 (oben)

Ottoman Bank, Banking and Financial History Research and Documentation Centre, Istanbul: 19 (unten), 21-22, 51

Reichshandbuch der Deutschen Gesellschaft, Bd. 1, Berlin 1930: 27, 46 (oben)

Ullstein Bild: Titelbild, 64

Impressum:

Text:
Martin L. Müller
Layout und Satz:
Christine Traiser, Büro für Gestaltung, Darmstadt
Druck und Bindung:
C. Adelmann, Frankfurt am Main
Printed in Germany

ISBN 978-3-00-029107-4

www.bankgeschichte.de

Historische Gesellschaft
der Deutschen Bank e.V.

Werden Sie Mitglied der Historischen Gesellschaft der Deutschen Bank!

Die Historische Gesellschaft der Deutschen Bank e.V. wurde am 12. Juni 1991 in Frankfurt am Main gegründet. Sie verfolgt ausschließlich und unmittelbar gemeinnützige Zwecke.

Die Historische Gesellschaft hat rund 1800 Mitglieder. Als Mitglied erhalten Sie kostenlos alle neuen Buchpublikationen und werden exklusiv zu Veranstaltungen, Ausstellungen und Exkursionen eingeladen.

Unterstützen Sie die Arbeit der Historischen Gesellschaft durch Ihre Mitgliedschaft!

Die Historische Gesellschaft verfolgt ihre Ziele durch:

- Buchpublikationen zu bankhistorischen Themen
- Pflege der Internet- und Intranetpräsenz
- Herausgabe der »Historischen Rundschau«, einem Informationsbrief an die Mitglieder
- Organisation von Vortragsveranstaltungen
- Exkursionen und Führungen sowie Ausstellungsbesuche unter sachkundiger Leitung

Kontakt: Historische Gesellschaft
der Deutschen Bank e.V.
Roßmarkt 18
60311 Frankfurt am Main

Telefon: 069 - 910 357 29
historische.gesellschaft@db.com
www.bankgeschichte.de

Mitglied kann jeder werden, der die Ziele der Historischen Gesellschaft der Deutschen Bank e.V. unterstützt.
Der Mitgliedsbeitrag beträgt jährlich 10,- €.